사장
교과서

경영 멘토가 들려주는 사장의 고민에 대한 명쾌한 해법

사장 교과서

초판 1쇄 인쇄 2019년 4월 1일
초판 1쇄 발행 2019년 4월 8일

지은이 주상용

발행인 백유미 조영석
발행처 (주)라온아시아
주소 서울특별시 서초구 효령로 34길 4, 프린스효령빌딩 5F

등록 2016년 7월 5일 제 2016-000141호
전화 070-7600-8230 **팩스** 070-4754-2473

값 14,500원
ISBN 979-11-89089-76-4 (03320)

사장 교과서

· 주상용 지음

경영 멘토가 들려주는
사장의 고민에 대한 명쾌한 해법

RAON
BOOK

사장의 성장만큼
회사가 성장한다

"선배, 이런 건 어떻게 해요?"

스물다섯에 창업을 시작해서 좌충우돌하던 나이 어린 후배로부터 자주 받았던 질문이다. 당시 다니던 회사에서 수억 원을 투자받아 신규 사업을 진행하고 있던 나는 아는 범위 내에서 성실하게 답을 해 주곤 했다. 후배는 지방에 있었기에 주로 전화로 질문을 해왔는데 그 횟수가 점차 많아졌다. 그래서 어떨 때는 도움이 될 만한 책들을 추천하기도 하고, 명절 때는 만나서 함께 식사를 하며 궁금한 부분에 대해 장시간 이야기를 나누기도 했다. 아주 기본적인 내용인데도 그는 매우 고마워했다.

그로부터 수년 후, 후배가 사업 확장을 위해 수도권으로 진출한다는 반가운 연락을 받았다. 내 일이 아닌데도 진심으로 행복했다. 작게나마 내가 도움이 된 듯해서였다. 수도권에서도 자사 상품에 대한 반응이 좋아 계속 성장할 것 같다며 흥분된 목소리로 종종 소식을 전하던 그가 어느 날 만나고 싶다는 연락을 해왔다. 매출 성장세는 높아지고 있는데 상대적으로 사장인 자신의 고민은 계속 깊어져만 간다는 것이었다.

"직원들이 대체 무슨 생각으로 일을 하는지 모르겠어요. 어떻게 일을 시켜야 제대로 할지도 감을 못 잡겠어요."

직원 관리에 관한 문제뿐만 아니라 그를 힘들게 하는 것은 또 있었다. 내년도 계획은 어떻게 세워야 할지, 성장을 위해 지금 반드시 해결해야 하는 과제가 무엇인지, 그리고 자신이 내리는 의사결정이 올바른지 등에 대한 확신이 이전과 달리 약해졌음을 자주 느낀다고 했다.

그를 비롯한 대부분의 사장은 직장생활을 제대로 해본 적 없이 학교를 졸업한 후 바로 사회에 뛰어든 경우가 많았다. 더욱이 부모로부터 사업을 물려받은 경우를 제외하면 사장은 자신의 성격대로 사업을 밀고 나가게 되고, 이 과정에서 수많은 시행착오를 온몸으로 직접 경험하면서 자신만의 성공방식을 갖게 된다. 이렇게 체득된 성공방식의 성공 타율이 높은 사람만이 창업이란 정글에서 생존을 뛰어넘어 성장의 진입로에 서게 되는 것이다.

그런데 여기서 한계를 만난다. 이전에는 마음먹은 대로 밀어붙이면 다 되었는데, 지금은 그렇지 않은 것이다. 그러다 보니 회사가 성장의 흐름을 타거나 타기 직전인 최고의 전력을 쏟아부을 타이밍에서 길을 잃은 자신을 만나게 되는 것이다.

"머리가 터질 것 같아서 며칠째 잠을 이룰 수가 없었어요."

이 고백은 그렇게 나온 것이었다. 지난 5년간 나는 경영자문 겸 '의사결정 파트너'로 이 고백의 주인공인 후배 사장과 함께했다. 운 좋게도 이 회사는 5년 동안 300퍼센트 이상의 성장을 이루었고, 투자회사로부터 투자를 받아 매각까지 진행되었다.

"내가 무엇을 모르는지, 무엇을 해야 하는지 이젠 알겠어요. 다른 사장들도 저처럼 이런 기회가 주어지면 정말 좋겠어요."

그의 이런 피드백이 이 책을 쓰게 된 가장 중요한 동기였다.

사장들을 만나면 만날수록 겉모습과 다르게 무척 외로운 자리임을 알게 된다. '사장학'이란 것을 배우고 사장하는 사람이 없기에 좌충우돌 그 자체가 당연하다고 여기며 지내고, 그러다가 자신이 지쳐가는 것조차 모른 채 '더 열심히 달리면 어떻게든 되겠지'라고 자신을 몰아가게 된다.

《멈추면, 비로소 보이는 것들》이라는 책이 있다. 기업이 작으면 작을수록 멈추면 죽는다. 계속 움직여야 한다. 하지만 때로 사장은 건강한 성장을 위해 멈출 수 있는 지혜가 필요하다. 아니, 용기가 필요하다. 자신이 무엇을 모르는지, 무엇을 알아야 하는지에 대해 배우기 위해 잠시 멈출 필요가 있다. 그러면 비로소 새롭게 보이는 것이 있음을 알게 된다.

이 책은 이런 멈춤의 지혜를 가진 사장을 위해 쓰였다. 1부에서는 사장이 왜 배워야 하는지, 사업이 아닌 경영으로 돈을 버는 사람으로서 사장이 가져야 할 매출, 수익, 그리고 핵심지표 관리 역량에 대해 돌아볼 것이다. 그리고 사장 스스로 생산성을 어떻게 높일 것인지에 대해서도 살펴볼 것이다. 2부에서는 사장이 지시 또는 사정이 아닌 성장을 모티브로 일을 잘 시키는 방법들을 생각하게 할 것이다. 조직의 생산성을 어떻게 높일 것인지, 어떻게 직원을 통해 성과를 낼 것인지, 위기관리는 어떻게 해야 하는지에 대해 사례를 들어 독자의 생각을 도울 것이다. 3부는 사장이 일하는 이유를 비롯하여 사장의 자기 정체성이 어떻게 회사의 정신과 문화를 만들고 직원들, 나아가 이 사회에 얼마나 소중한 영향을 미치는지에 주목하게 할 것이다.

마지막으로 책을 다 읽은 후, 2배의 효과를 누릴 수 있도록 부록 세 편을 덧붙였다. 부록1은 사장의 자기점검 편이고, 부록2는 한 주에 꼭 해야 하는 사장의 네 가지 핵심행동을 소개했다. 부록3은 본문에 다 담지 못한, 실전에서 사장들이 가장 많이 하는 7가지 질문에 대한 답들을 담았다.

여기에는 내가 신입 사원으로 입사해서 사업부 책임자로 성장하기까지 받은 체계적인 교육과 현장에서 터득한 다양한 실무 경험, 그리고 지난 6년간 중소기업 현장에서 사장들의 경영 코치로 활동하면서 적용한 인재경영과 지식경영의 성공사례들이 포함되어 있다. 따라서 이 책은 다음과 같은 독자에게 매우 유익할 것이다.

창업 후 자신의 한계에 부딪혀 심각한 성장통을 겪고 있는 사장, 사람 관리에 실패해서 바닥을 경험하고 새로운 재도약을 준비하고 있는 사장, 위기 앞에서 이젠 정말 그만해야겠다고 포기하기 직전에 있는 사장, 어떻게든 사장을 잘 도와 회사를 성장시키려는 팀장 또는 임원, 회사의 핵심인재가 되려고 사장의 마음을 알고 싶은 예비 해결사 직원, 향후 일 잘하는 사장이 되려고 준비 중인 예비 사장들이 바로 그들이다.

그 어느 때보다 다들 어렵다고 야단이다. 그러나 우리는 안다. 언제 어려움이 없었던 적이 있었던가? 유능한 뱃사공은 바람과 파도를 이용한다. 즉 장애물을 기회로 여긴다. 이와 마찬가지로 유능한 사장은 돈과 사람이 없기 때문에 할 수 있는 것을 찾아낸다. 다르게 생각해서 없던 것을 생각해 낸다. 이렇게 살아왔고 또 앞으로 살아갈 당신이기에 이 책 속에 담긴 이야기가 새로운 돌파와 성장을 위한 당신의 항해에 거친 바람과 파도를 오히려 기회로 삼는 좋은 돛이 될 것이다.

차례

1부   어떤 사장이 되어야 하는가?
사장은 사업이 아닌 경영으로 돈을 버는 사람이다

2부 어떻게 직원을 통해 성과를 내야 하는가?
지시나 사정이 아니라 성장을 모티브로 일을 시켜라

3부 직원이 회사를 다녀야 하는 이유는 무엇인가?
바라는 것을 현실로 보게 하는 게 사장이다

| 부록 1 | 사장의 자기 점검

| 부록 2 | 성공하는 사장이 한 주에 꼭 해야 할 4가지

| 부록 3 | 실전에서 사장이 꼭 알고 싶은 것 7가지 Q&A

1부

어떤 사장이 되어야 하는가?

사장은 사업이 아닌
경영으로 돈을 버는 사람이다

1장

사장이 해야 할
3가지 질문

사장은 일을 효율적으로 더 잘하고 싶어한다. 그런데 회사가 성장하려면 사람을 채용해서 일해야 더 효율적으로 일할 수 있다. 그러나 원래 혼자 다 하던 일이기에 자신이 가장 잘하던 것을 남에게 가르쳐 그가 하게 하는 과정에서 새로운 과제를 안게 된다.

사장,
배운 적 있나요?

2006년 여름, 다니던 교회에서 '아버지 학교'라는 프로그램이 열렸다. 강사는 아들과 딸을 둔 잘생기고 매우 친절한 아버지였다. 더욱이 그는 자녀들을 홈스쿨로 양육하는 미국인이었다. 이 과정에 7세 이하의 자녀들을 둔 10여 명이 넘는 아버지들이 참석했다. 기존에 아는 분들도 있고 모르는 분들도 있었다. 프로그램 첫날, 강사는 이렇게 물었다.

"자녀들에게 아빠가 가장 중요하게 생각하는 것이 무엇인지 물었을 때 듣고 싶은 것 다섯 가지를 써 보세요."

나를 비롯한 참가자들은 나름대로 자신이 가장 중요하게 여긴다고 생각되는 순서대로 적었다.

내가 적은 순서는 다음과 같다.

첫째 하나님, 둘째 엄마, 셋째 자녀들 등등.

그날 강사는 집에 돌아가서 자녀들에게 아빠가 중요하게 생각하는 것이 무엇이라고 생각하는지 직접 물어보고, 아이들이 이야기하는 것을 다음 모임에 그대로 적어오라고 과제를 내주었다. 그다음 모임에 참석한 아빠들의 멋쩍은 모습이 아직도 기억에 생생하다. 나를 비롯해서 모든 아버지들이 심각한 충격을 받고 왔던 것이다. 아빠가 가장 중요하게 생각하는 것들에 대한 자녀들의 대답은 이랬다.

첫째 텔레비전, 둘째 컴퓨터, 셋째 일 등등.

충격은 둘째 날 교육시간에 나온 질문에 의해 더욱 배가되었다. 우리 모두를 혼돈에 빠뜨린 질문은 "아버지의 역할은 무엇인가요?"였다. 다들 대학까지 졸업하고 나름대로 괜찮은 사업을 하거나 직장을 다니는 사람들인데 강사의 질문에 대답하지 못했던 것이다.

알 것 같기는 한데 웬일인지 대답이 나오지 않았다. 그냥 "돈 벌어서 먹이고 공부시키는 것이다"라고 대답하기에는 뭔가 중요한 게 빠진 것 같았다. 그때 한 아버지가 고백했다.

"맞아요. 우리가 아버지의 역할도 모르고 아버지가 되었어요."

그러자 다른 한 분도 덩달아 수긍했다.

"그렇죠. 그리고 아버지의 역할을 가르쳐 주는 데도 없잖아요."

그랬다. 모두 다 아버지였지만, 그 누구도 '아버지는 어떤 역할을 하는 사람인지', '그 역할을 잘하기 위해서 무엇을 알고 있어야 하는지'를 제대로 배운 적이 없었다. 그냥 아버지가 되면 잘되겠지 하고 미뤄두고 당장 코앞에 닥친 일에 바빴을 뿐이었다.

변화가 시급한 순간, 무엇을 배워야 하는가

이렇게 당황스러우면서도 매우 중요한 고백을 우리는 경영 현장에서도 만난다. 6년 전, 나는 송파구에 있는 한 교육회사로부터 도와달라는 요청을 받았다. 영유아 신체놀이 프로그램을 개발하여 전국문화센터에서 수업을 진행하는 회사로, 본사 직원 수는 많지 않았지만 전국에서 활동하는 강사가 50여 명이 넘었다. 사장은 30대 중반의 강사 출신으로 내 지방 후배였는데, 직장생활이라고는 제대로 해본 적이 없었다.

9년 전 지방에서 회사를 창업해서 1차 성공을 거둔 후 최근 수도권에 진출했는데, 1~2년 전부터 원치 않던 징후들이 계속 반복되는 것을 보고 변화가 시급하다고 느꼈단다. 이전에는 문제가 발생하면 자신이 알고 있는 상식선에서 해결했는데, 언젠가부터는 그때그때 당장은 해결한 것처럼 보여도 시간이 지나고 보면 오히려 더 복잡하게 꼬여 있음을 발견했던 것이다. 이때 대부분의 사장들은 직원 탓이나 경기 탓, 혹은 자금 탓을 한다. 그래서 사장 스스로에게 문제가 있다고 자각을 하고 도움 요청에 나서는 경우는 많지 않았다.

그런데 그는 달랐다. 그는 자기 회사를 두고 '몸은 대학생으로 커가는데 옷은 여전히 중학생 때 입은 그대로'라고 비유했다. 자기 몸에 맞는 옷을 입어야 하는데 어떻게 해야 할지 모르겠다고 솔직히 이야기했다. 지난 9년 동안 계속 사장이었지만 사장이 무엇을, 어떻게 해야 하는지 제대로 배운 적이 없다고 했다.

이것이 그만의 이야기가 아님을 우리 모두 안다. 아버지 역할이 무엇인지, 어떻게 하면 잘하는 것인지도 모른 채 아버지 노릇을 하고 있는 것처럼, 사장들도 사장의 역할이 무엇인지, 어떻게 하면 일 잘하는 사장이 되는지 모르고 자신의 성격대로 무작정 달리고 또 달려온 것이 사실이다.

스펙이 좋고 MBA 등 경영 관련 기초를 가지고 사장을 하는 이들도 없진 않겠지만, 우리 주변의 사장들은 대부분 그렇지 않다. 엔지니어 출신이거나 콘텐츠 개발자 또는 기술자 출신의 사장이 많다. 사장은 자기 능력 안뿐만 아니라 밖, 즉 자신이 아는 영역만이 아니라 모르는 일들도 추진해나가야 한다. 그래서 슈퍼맨이 되고 싶어 하는 한편, 항상 두렵고 외로운 마음이 든다. '내가 과연 어느 정도일까?', '내가 이 회사를 어느 정도 키울 수 있을까?' 하는 생각을 늘 한다. 그리고 '나는 무엇을 배워야 할까?'라는 마음이 다 있다. 그래서 경영이나 사장 관련 책을 사서 읽어보지만 어려운 용어들이 많기도 하고 내용이 세분화되어 있어서 실제 회사 운영에 직접적인 도움이 되지 않는다고 한다.

회사 성장의 장애물은 바로 나, 사장

도움 요청을 했던 그 젊은 사장과는 정기적인 미팅을 통해 격의 없는 질문과 대답으로 학습을 해 나갔다. 몇 권의 추천도서를 함께 읽으면서 경영의 개념을 이해하는 시간도 가졌다. 무엇보다 현업에서 실제 계속 고민하고 있던 과제들을 놓고 사장의 역할과 과업이 무엇인지, 그 역할과 과업을 잘하기 위해서는 어떤 지식과 역량이 필요한지를 하나하나 점검해 나갔다. 사장 스스로 생산성을 높이기 위해 무엇을 알아야 하는지, 그리고 어떤 역량을 체득해야 하는지도 살펴보았다. 그러던 중에 그가 무심결에 던진 말을 잊을 수 없다.

"사장인 내가 바로 우리 회사 성장의 가장 큰 장애물이었군요."

회사도 직접 창업해서 세웠고, 핵심 콘텐츠도 자신이 개발했으며 기획, 생산, 영업 모든 영역에서 자신보다 더 일을 잘하는 사람이 회사에 없다고 자부했던 사장이 큰 충격을 받은 것이다. 그는 각 실무영역에 후임자를 세워 권한을 위임하고 자신은 사장, 곧 경영자의 역할을 했었어야 한다는 것을 놓치고 있었다. 그래서 일은 열심히 했지만 사장과 조직의 생산성은 오히려 떨어졌던 것이다.

처음부터 사장이었지만 사장이 무엇을, 어떻게 해야 하는지 제대로 배운 적이 없다는 깊은 자각에서 시작된 그의 학습 열정은 성적이 아닌 매출과 수익, 즉 경제적 성과로 열매를 맺었다.

"사장, 배운 적 있나요?"

이 질문에서 시작하는 용기 있는 사장들을 요즘 부쩍 자주 만난다. 이런 이들이 일 잘하는 사장의 차별화된 모습이다. 사업의 규모나 업종은 그리 중요하지 않다. 자신의 사이즈가 곧 회사의 사이즈라는 사실을 자각하는 그들에게서 희망을 보는 것은 그 길이 맞기 때문이다.

사장,
누구에게 평가받나요?

아침이면 세수를 하면서 거울에 비친 자신을 향해 매일 한결같이 같은 말을 외치는 사람이 있다. 그는 늦은 밤까지 많은 문제를 외롭게 고민하다 지쳐 쓰러져 잠들지만, 매일 아침 종교의식을 치르듯 이렇게 스스로 격려하곤 한다.

"나는 할 수 있다."
"나는 할 수 있다."
"나는 할 수 있다."

그는 작지 않은 회사를 운영하고 있는 이 땅의 젊은 사장 중 한 사람이다. 평범한 삶을 살아가기에도 그리 만만치 않은 현실인데 자신뿐만 아니라 여러 직원들의 삶 또한 책임지고 있는 사람으로서 매 순간 불쑥불쑥 나타나는 해결과제들은 늘 어느 하나도 결정하기 쉬운 것이 없다. 경험해보지도, 배워보지도 않은 영역의 과제들이기에 더욱 그렇다. 잘될 때보다는 막막할 때가 더 많은 사장의 길을 초심을 지키며 달려가기에는 늘 숨이 차다.

"대표는 어떤 업무를 잘해야 하나요?"

"대표의 시간 분배를 어떻게 해야 할지 모르겠어요."

"목표 설정은 어떻게 하는 게 좋죠?"

"사업 다각화를 진행할 때 고려할 점이 있나요?"

"직원 목표관리는 어떻게 하죠?"

"직원 평가는 어떻게 하면 좋을까요? 기준을 정하기가 어려워요."

"업무를 체계적으로 만들려면 어떻게 해야 하나요?"

"이익률을 높이려면 어떻게 해야 하나요?"

그 사장이 내게 던진 질문 리스트 중 일부분이다. 한숨에 쏟아져 나오는 질문들만도 수십 가지다. 그만큼 가슴앓이가 심했다는 증거다.

평가란 것을 받아본 적이 없네요

여름부터 사장 몇 명과 정기적인 독서모임을 진행하고 있는데, 그 자리에서 위의 질문들을 나눈 적이 있다. 모두들 자신도 동일한 입장이라며 추가 질문을 쏟아냈다.

"경영자의 연간 계획 중 필수적으로 포함되어야 할 것은 무엇일까요?"

"사람들이 제대로 일하도록 만들려면 어떻게 해야 할까요?"

"성과를 어떻게 측정해야 할지 모르겠습니다. 영업부서 같은 곳은 좀 더 쉽지만 애매한 부서들은 어떻게 하면 좋을까요?"

"결과에 대한 적절한 보상은 어떻게 하면 좋을까요?"

그러다 어느 한 사장이 말했다.

"그러고 보니 나는 평가란 것을 받아본 적이 없네요. 사장이다 보니."

모두들 "나도 그래요"라며 수긍하는 눈치였다.

사장들은 누구한테 평가를 받아본 적이 없었다. 자신이 잘하고 있는지, 어떤 부분은 빨리 변화해야 하는지 객관적으로 피드백을 받을 수 있는 구조가 없었던 것이다. 자신이 스스로 냉철하게 평가하지 않고 그냥 넘기면 그것이 끝이었다. 그렇게 오랜 시간이 지나다 보니 어떤 부분은 이미 굳어져 버렸고 어떤 부분은 감각이 무뎌진 것이다.

나는 20년 동안 대기업에 몸담고 생활해오면서 거의 한 달도 빠짐없이 평가 피드백을 받아왔다. 이런 피드백은 회의실에서 공식적으로 이루어진 것도 많았지만 현장에서 비공식적으로 이뤄진 경우도 많았다. 그 과정에서 내가 무엇을 모르고 있었는지, 안다고 생각했지만 제대로 알지 못한 것이 무엇인지를 배웠다. 또한 스스로 어떤 고정관념에 사로잡혀서 시야가 좁아져 있는지를 자각할 수 있는 기회를 가졌다. 그뿐만 아니라 깨달음을 넘어 전환 배치와 발탁 등 인사이동으로 이어지는 후속 과정에서 또 한 번 성장 기회를 받았다.

관리자 역할을 수행하면서부터는 매달 팀원들에게 평가 피드백을 주는 것이 업무의 주요한 부분이 되었다. 평가를 받으며 성장해왔기에 타인에게 평가 피드백을 하는 건 어렵지 않아 보였다. 하지만 기대와는 달리 사람을 평가 피드백으로 성장시키는 일은 그리 쉬운 일이 아니었다. 평가받는 사람과 평가하는 사람 간의 신뢰의 정도, 평가 피드백을 주는 사람의 역량에 따라 많은 차이가 나는 것도 나중에 가서야 알게 되었다. "피드백이 성장의 유일한 방법이다"라고 이야기했던 경영의 구루 피터 드러커의 말은 그렇게 내게 책 속의 한 문장이 아닌 현장 속 살아있는 가르침이 되었다.

평가 피드백을 통해 나온 결과들

내가 직접 평가 피드백의 이점을 경험했기에 기회가 있을 때마다 사장들에게 이런 평가 피드백을 받을 기회를 가지도록 권한다. 이런 주제를 다루는 사장들의 모임이 있다면 적극 참여하고, 또한 사외에 신뢰할 만한 의사결정 파트너를 두어서 정기적인 미팅을 가져보라고 권한다.

'계획적인 경영활동이 시작되었다.'
'부서별 전문성이 강화되었다.'
'직원들과 상호작용 방법이 다양해졌다.'
'무엇을 교육해야 하는지 알게 되었다.'
'기능 위주에서 성과 위주로 변경되었다.'

'다양한 기준이 생겼다.'

'지식의 중요성을 알게 되었다'.

'시장과 고객에 대한 이해가 깊어졌다.'

이것은 '나는 할 수 있다'를 매일 아침 세 번, 자신에게 외쳤던 바로 그 사장이 이런 평가 피드백 시간을 수년간 가지고 난 후의 고백이다. 회사도 성장했다. 그는 요즘 다른 사장들에게 자신이 경험에서 얻은 통찰과 변화를 나누는 일에 적지 않은 시간을 쏟고 있다.

자신이 그 누구로부터도 평가를 받아본 적이 없다는 자각에서 시작된 사장의 변화가 자신뿐만 아니라 회사를 긍정적으로 변화시키는 것을 이곳저곳에서 보게 된다. 그런 기회를 꼭 누려보기를 바란다.

사장,
1인 다역 하는 게 맞나요?

사장은 기본적으로 일을 잘한다. 그리고 일을 효율적으로 더 잘하고 싶어한다. 거기다 기업가적인 마인드와 열정도 있다. 그래서 슈퍼맨이 되고 싶어한다. 그러다 보니 회사 일에 있어서 사장이 제일 잘 알고, 제일 잘할 수 있다고 생각한다. 사실 그렇긴 하다.

그런데 회사를 키우려면 혼자만 일해서는 안 된다. 회사가 성장하려면 사람을 채용해서 일해야 더 효율적으로 일할 수 있다. 자연스러운 과정이다. 그래서 개발, 생산, 영업 등 기능별 직원들을 뽑아서 함께 일하게 된다. 원래 혼자 다 하던 일이기에 자신이 가장 잘하던 것을 남에게 가르쳐 그가 하게 하는 과정에서 새로운 과제를 안게 된다. 더 효율적으로 일하고자 사람을 채용해서 일하는데 현실은 그렇지 못한 것이다. 뽑은 직원의 일하는 방식이 마음에 안 드는 것이다. 그래서 다시 사장 자신이 차고 하게 되는 경우가 다반사다. 왜 그럴까?

처음에는 뽑은 직원이 일을 잘 못하기 때문이라고 직원 탓을 할 수도 있다. 그런데 자질이 높고 실력 있는 직원을 채용하기에는 정해진 예산이 턱없이 부족하기에 예산에 맞는 수준에서 직원을 채용해야 하는 것이 현실이라면 그저 직원 탓만 할 수도 없다. 결국 사장 자신이 일을 시키는 데 익숙하지 않고, 어떻게 일을 시키는 것이 잘 시키는 것인지를 모르기 때문이라는 결론에 도달하게 된다.

역할 변화를 택하다

"당신은 일을 잘 시키는 사람인가요?"

이 질문을 가지고 고민하는 한 사장과 오래도록 이야기를 나눈 적이 있다. 그는 창업한 지 10년이 넘었는데도 여전히 모든 업무에서 주도권을 가지고 일일이 업무 지시를 하고 보고를 받으며 승인을 하고 있었다. 담당자가 주도권을 가져야 책임감을 가지고 일을 잘할 수 있음을 모르는 바는 아닌데 그 담당자를 믿을 수 없어서 일을 넘겨주지 못하고 있었다. 개발은 개발대로, 생산은 생산대로, 그리고 영업은 영업대로 다 중요하기에 새벽부터 밤늦도록 혼자 고민에 고민을 거듭하고 있었다. 그러다 보니 정작 사장만이 할 수 있는, 사장 외에는 그 누구도 해결할 수도, 해결해서도 안 되는 사장의 과업이 무엇인지조차 생각할 겨를이 없었다. 결국 회사는 계속 정체 상태에 머물 수밖에 없었다.

그와 이야기를 나누면서 머릿속에 1인 3역을 동시에 하고 있는 배우가 떠올랐다. 그는 실무자 역할과 관리자 역할, 사장인 경영자 역할을 동시에 해야 하는 상황이었다. 문제는 그 역할들의 비중을 조정하고 각 역할 수행의 핵심 지식과 스킬을 갖추는 것이었다.

내가 처음 일을 배웠던 회사에서는 인재를 성장시킬 때 다음의 세 가지 스킬을 익히도록 했다.

첫째는 테크니컬 스킬(technical skill)이다. 이는 사무적, 기술적 스킬이라고 볼 수 있다.

둘째는 휴먼 스킬(human skill)로, 사람을 다루는 능력이다.

셋째는 콘셉추얼 스킬(conceptual skill)이다. 이는 개념적 기술로서 전체를 보는 시각이다.

이 세 가지는 모든 직원에게 익히게 했던 중요한 스킬이었는데, 특히 다음과 같이 역할별로 더 중점을 두었다.

실무자 역할을 잘하기 위해서는 테크니컬 스킬에, 관리자 역할을 잘하기 위해서는 휴먼 스킬에, 경영자 역할을 잘하기 위해서는 콘셉추얼 스킬에 더 역점을 두어 배우고 익히게 했다.

그러므로 먼저 사장 스스로 위 세 가지 스킬에 대한 자기 진단이 필요하다.

그다음은 1인 다역을 하고 있는 업무들을 종이에 적어보고 위임할 수 없는 것과 위임해야 하는 것을 구별해 보는 것이다. 위임해야 하는 업무들이 정해지면 사장 스스로 실무자 역할에서 관리자의 역할로 역할 변화를 진행해야 한다.

　여기서 중요한 포인트가 두 가지 있다. 하나는 업무의 관리 포인트를 정하는 것이고, 다른 하나는 그 관리 포인트를 중심으로 정기적인 피드백 미팅을 진행하면서 직원을 성장시키는 것이다. 그가 실무자 역할에 필요한 역량을 익힐 뿐만 아니라 관리자 역할에 필요한 역량까지 키울 수 있도록 도와야 한다. 물론 시간이 걸리고 인내가 필요한 과정이다. 하지만 사내에서 인재를 양성하여 부문별로 전문화를 이루려면 반드시 값을 지불하며 거쳐 가야 하는 과정이다. 단기적으로 보면 사장이 직접 일하는 것이 더 효율적이겠지만, 장기적으로 볼 때 인재를 기르는 것이 가장 효과적이고 효율적인 방법이다.

일하는 방식을 바꾸다

　지난 5년간 이 과정을 충실하게 진행한 기업 하나를 알고 있다. 이 회사도 처음엔 다른 기업들처럼 사장이 모든 업무의 주도권을 쥐고 실무자로서 진두지휘하고 있었다. 당연히 사장이 1인 다역을 맡는 데 대한 고민을 안고 있었는데, 그 방식을 고수하는 것이 회사 성장에 도움이 되지 않음을 깨닫고 사장 스스로 일하는 방식을 바꾸기로 했다.

　나는 그 과정에 함께 참여하여 위임할 일들을 구별하고 그 일을 맡을 실무자를 발탁하며 업무별 관리 포인트를 도출했다. 그리고 그 관리 포인트를 기준으로 매월 담당 실무자와 '월 결산 미팅'이라는 이름의 피드백 미팅을 통해 성과 목표와 담당자의 역량 개발에 대한 집요한 실행을 요구했다.

처음에는 담당자들이 버거워했다. 그렇지만 그 담당 실무자를 향한 사장의 진심 어린 기대와 신뢰를 받자 속도가 나기 시작했다. 사장으로부터 '테크니컬 스킬'을 전수받는 것부터 스스로 책임감을 가지고 성과 달성에 몰입하는 모습들을 발견할 수 있었다. 어떤 영역에서는 사장이 그 영역의 실무를 직접 할 때보다 더 탁월한 결과들이 나오는 것을 보기도 했는데, 그것이 다른 영역의 실무자들에게도 모델이 되었고, 부서 전문화의 초석이 되었다. 이제는 그 영역을 100퍼센트 그 담당자에게 위임한 상태다.

이 회사는 이후 전문화된 부서들을 사업부로 독립시키는 과정을 밟게 되었고, 위임받은 실무 담당자들은 사업부장 또는 핵심 부서장으로 성장하게 되었다. 물론 회사 규모도 수년 사이에 2배 이상 성장했다. 무엇보다도 사장의 주간 스케줄이 달라졌다. 실무자 역할로 도배되었던 시간이 경영자 또는 관리자 역할을 하는 시간으로 바뀌어 있었다.

창업으로 시작한 기업에서 초기 사장의 '1인 다역'은 필수 불가결하다. 그러나 어느 정도 규모가 커지면 사장의 열정만으로 '1인 다역'의 생산성은 오르지 않게 된다. 일하는 방식을 바꾸어야 한다는 신호다. "믿을 사람 없고, 일할 만한 사람이 없다"는 하소연을 한다고 해서 해결될 문제가 아니다. 사장이 용기를 내야 한다. 그 과정에서 실망하고 지칠 수도 있다. 그러나 성장을 위해서는 반드시 가야 하는 길이다. 언제나 그랬듯이, 성장통을 택하는 것이 정체되어 있는 것보다 낫다.

2장

좋은 사장은 어떤
역량을 갖춰야 하는가?

'사업'은 그저 돈을 많이 버는 것을 목적으로 한다면, '경영'은 고객 가치 창출 능력을 극대화하기 위해 사람을 통해 일하는 것이다. '사장'의 역할을 경영하는 경영자로 생각하는 것과 그냥 돈을 버는 사업가라고 생각하는 것은 큰 결과의 차이를 낳는다.

좋은 매출을 선별하고
집중하는 역량이 있어야 한다

평소 친분이 있는 한 사장과 점심을 함께했다. 그는 지난 주말에 있었던 친선모임 이야기를 들려주었는데, 참석자들은 모두 개인사업을 하는 사장들이라고 했다. 늘 그렇듯 세상 돌아가는 이야기를 하다가 한 사람이 이런 질문을 던졌다고 한다.

"사장은 정말 무엇을 해야 하는 사람일까?"

모두들 당연히 알고 있다고 생각했지만 막상 대답하려니 확신이 서지 않는 분위기였다고 한다. 그러면서도 아래와 같이 대답했다고 한다.

"그거야. 돈 버는 사람이지."

"그래, 맞아. 돈 벌려고 사업하는 거잖아."

"무엇을 하기는, 사장이 모두 다 하잖아. 책임도 다 지고."

그러나 나에게 그 모임 이야기를 들려준 사장은 그들과 나눈 대화 속에서 확 마음에 드는 답을 찾지 못했다고 한다. 무언가 빠져있다는 느낌을 지울 수가 없었다고 말이다.

그 이후로 그 사장과 '사장의 역할'에 대해 함께 학습하는 시간을 갖게 되었다. 그때 내가 현업에서 경험하고 크게 깨달았던 사례 한 가지를 소개해주었다.

사업가인가, 경영자인가

두 매장이 있었다. 모두 아파트 단지를 배후에 둔 서울 역세권의 캐주얼 의류 프랜차이즈 매장이었다. N 매장은 브랜드 내 매출 1위 매장이었고, S 매장은 N 매장보다 매장 평수는 더 넓었지만 매출은 N 매장의 60퍼센트 수준이었다. 당시 나는 이 지역을 담당하는 영업 담당자로서 두 매장을 포함해 총 12개 매장의 매출을 올려야 하는 과업을 안고 있었다.

나는 그 두 매장에서 각각 며칠씩 매장 근무를 함께했다. 매장주와 판매사원이 어떻게 고객을 맞으며 매장을 운영하는지를 관찰하고 분석하기 위해서였다. 그러다 매우 분명한 차이를 하나 찾아냈다. S 매장 매장주는 판매사원에게 "무조건 많이 팔아라"라고 이야기했다. 그런데 N 매장 매장주는 달랐다. "상품을 팔기에 앞서 판매사원인 너와 매장을 팔아라"라고 이야기했다. 즉 고객에게 필요한 상품을 전달해주는 역할을 넘어서 고객의 문제를 해결해 주는 '솔루션 메이커(solution maker)'가 되라고 요구한 것이다. 얼핏 보기에는 두 매장주 모두 판매사원들에게 매출을 올리라고 한 것 같지만 실제로는 얼마나 다른 이야기인지 독자들은 이미 눈치챘을 것이다.

N 매장은 단골이 많았고 매장 공간 자체가 고객들의 약속 장소로 자주 활용되고 있을 정도였다. 또한 인기 있는 베스트 상품이 입고되면 일반 고객들에게 낱개로 판매하지 않고 숨겨두었다가 단골이 오면 그를 위해 미리 남겨두었다고 어필하며 다른 옷과 코디해서 여러 벌을 함께 판매하며 매출을 올리고 있었다.

그에 비해 S 매장의 판매사원은 입고된 베스트 상품만 달랑 판매하고 매출을 올리기 위해 그 상품만 더 보내달라고 본사에 보채기를 거듭할 뿐이었다.

결과적으로 N 매장은 본사에서 상품을 공급하는 족족 매출로 이어져 상품 공급이 지속되었지만, S 매장은 그런 기회를 얻지 못했다. 매장 재고를 본사가 책임지는 프랜차이즈였기에 빈익빈 부익부 현상이 심해진 것이다.

N 매장주는 베스트 상품만 팔아서 올리는 매출은 좋은 매출이 아님을 알고 있었다. 그래서 먼저 고객에게 신뢰의 대상이 되는 것이 좋은 매출을 올리는 방법임을 판매사원에게 가르쳐 그로 하여금 매력적인 매니저가 되게 하고 매장 자체가 고객의 솔루션이 되게 해서 그와 매장을 통해 매출을 올리고 있었던 것이다.

사전적 의미의 차이는 아니지만, '사업'과 '경영'의 차이에 대해 배운 적이 있다. '사업'은 그저 돈을 많이 버는 것을 목적으로 한다면, '경영'은 고객 가치 창출 능력을 극대화하기 위해 사람을 통해 일하는 것이고 돈은 그에 따르는 결과라는 이야기다. 이것이 좋은 매출이다.

S 매장 매장주가 사업을 하고 있었다고 한다면, N 매장 매장주는 경영을 하고 있었던 것이다. 작은 매장 하나라도 '사장'의 역할을 경영하는 경영자로 생각하는 것과 그냥 돈을 버는 사업가라고 생각하는 것은 큰 결과의 차이를 낳는다.

경영자의 역할을 알다

위 사례를 들려주고 함께 학습하던 사장에게 넌지시 물어보았다.

"사장님은 사업을 하고 계신가요, 아니면 경영을 하고 계신가요?"

자신은 매장 규모보다 훨씬 큰 회사를 운영하고 있지만 '경영'을 하고 있다고는 생각해보지 못했다고 했다. 그래서 지난번 사장들과의 친선모임에서 느꼈던 만족스럽지 못한 문제의 답이 '바로 이것이구나'라고 깨달았다고 했다.

문정엽 저자가 쓴 《피터 드러커 경영수업》이란 책에서는 경영학의 구루인 피터 드러커가 경영자의 역할을 크게 세 가지로 제시했다고 설명한다.

첫째, 기업의 경제적 성과를 달성하기
둘째, 경영자 관리
셋째, 근로자와 작업 관리

여기서 말하는 경제적 성과는 단지 이윤 극대화를 넘어서 기업의 '가치창출능력 극대화'를 이야기하는 것이고, 경영자와 근로자 관리란 사람을 통해 일하는 것을 말한다.

이를 위 사례에 적용해보면 N 매장 매장주는 경영을 하고 있었던 것이 맞다. 당장 오늘의 매출을 올리기보단 자신의 판매사원에게 새로운 역할과 작업을 하게 해서 매장의 가치 창출 능력을 극대화하고 이를 통해 고객을 만족시켜 지속적으로 좋은 매출을 올려가고 있었던 것이다.

'만족한 고객이 최고의 광고'라는 말이 있다. 여기서 고객이란 상품과 서비스를 구매하는 소비자만을 이야기하지 않는다. 사업 파트너들도 1차 고객에 포함된다. 연간 매출 100억 원대가 넘는 프랜차이즈 사업을 전개하는 회사나 강사를 파견하는 교육회사에서도 마찬가지다.

사업 파트너 수를 늘려서 매출을 올리는 비즈니스 모델을 가진 회사는 사업 파트너들이 얼마의 수익을 올리는지 상관없이 확장만을 강조하는 경우가 많다. 파트너들이 건강한 수익을 지속할 수 없다는 사실을 알면서도 본사 입장에서는 가맹비를 비롯한 추가매출이 바로 발생하기 때문에 이를 '확장전략'이란 미명하에 진행한다. 단기적으로는 매출이 오르기 때문이다. 그러나 머지않아 후폭풍을 맞게 되는 사례를 자주 보았다.

돈은 오늘도 벌고 내일도 벌어야 한다. 즉 단기 매출과 장기 매출이라는 두 렌즈를 모두 들여다 보고 결정해야 한다. 이것이 사업이 아닌 경영으로 돈을 버는 사람의 의사결정 모습이다.

매출보다 수익 중심 역량이
있어야 한다

"원가가 왜 이렇게 올라갔어?"

부문별 책임자들과 사장이 참석한 정기 결산보고 미팅에서 회계 담당자가 재무제표를 가지고 보고하는 내용을 듣던 중 사장이 던진 질문이다. 목소리에 불만이 가득 차 보인다.

"지난 시즌 상품을 개발할 때 사장님이 돈이 좀 더 들더라도 품질을 더 올리라고 지시하셔서……."

개발 책임자가 눈치를 보며 조심스럽게 답을 하자 1초도 망설임 없이 사장이 한마디 던진다.

"그래도 너무 높잖아. 이렇게 높아질 거면 미리 말했어야지."

미팅을 마치고 나온 사장과 함께 사장실에 들어갔다. 답답한 마음이 가득한지 경영자문역인 내게 속사포처럼 쏟아낸다.

"개발 관련 미팅을 할 때는 품질 우선에 꽂혀요. 현장에서 고객들의 피드백을 늘 들어오고 있기에 품질에 불만이 많았거든요. 더욱이 내가 개발자 출신이니까 조금만 더 하면 품질이 확 달라질 것이 보여요. 그런데 회계 보고를 받을 때면 수익 중심으로 생각이 확 바뀌어요. 균형을 잡아야 할 텐데……."

그래서 사장에게 물어보았다.

"개발 미팅 시에 시즌 상품 제조원가율 목표를 실무자들과 이야기하지 않나요?"

"물론 목표는 있죠. 그런데 품질 개선회의를 하다 보면 품질과 원가율이 계속 충돌을 일으켜요. 그러다 결국 눈에 보이는 품질 쪽으로 마음이 확 쏠리는 게 문제죠. 나머지는 영업에서 더 잘해서 커버하면 되겠지 하는 막연한 기대와 함께요."

수익경영 관점을 가져라

IMF 위기를 맞이하던 시점에 나는 연 매출 200억 원이 넘는 규모의 사업부에서 기획실장을 맡고 있었다. 당시 회사는 외형 위주의 성장에서 수익성 중심의 성장으로 경영전략이 급격히 수정되면서 모든 책임자급에 해당하는 직원들을 대상으로 '수익경영'에 대한 교육이 이루어졌다. 그때 수익경영의 최고 권위자인 에이드리언 J. 슬라이워츠키와 데이비드 J. 모리슨이 지은 《수익지대》란 책이 필독서로 추천되었다. 성공적인 기업들이 활용하는 이익모형과 그들이 개발한 새로운 아이디어를 통해 수익성의 비밀을 처음으로 밝히는 내용이어서 기업가와 경영학자, 경영 컨설턴트에게도 애독되었던 책이었다. 기획자들은 전문도서를 활용한 이론 교육과 연동하여 업무현장에서 수익을 관리할 수 있도록 개발된 도구와 도구 사용법 등을 교육받았고, 이후 모든 평가회에서 그 도구들이 활용되었다.

일반적으로 수익은 늘 마지막에 보고된다. 그것이 문제다. 경영활동을 하는 과정에서 사장은 많은 의사결정을 한다. 그 의사결정 사안마다 원가나 비용에 영향을 끼치는 경우가 대다수인데, 그 의사결정이 수익에 주는 영향을 통제할 수 있는 관리 도구를 대부분 가지고 있지 않다. 그와 관련해서 우선 손익계산서부터 한번 살펴보자.

| 손익계산서 |

항목	비고
1. 매출액	
2. 매출원가	◀ 원가
3. 매출총이익	
4. 판관비	◀ 비용
5. 영업이익	
6. 영업 외 수익	
7. 영업 외 비용	◀ 비용
8. 경상이익	
9. 특별이익	
10. 특별손실	◀ 비용
11. 세전순이익	
12. 법인세	◀ 세금
13. 당기순이익	

당기순이익에 '플러스(+)' 영향을 주는 것은 '매출액'과 '영업 외 수익', '특별이익'이고, '마이너스(-)' 영향을 주는 것은 '매출원가'와 '판관비' 그리고 '영업 외 비용'과 '특별손실'이다. 일단 영업이익을 기준으로 보면 수익 관리에 영향을 주는 3대 요소는 '매출액', '매출원가' 그리고 '판관비'다.

여기서 가장 중요한 포인트는 수익에 '플러스' 영향력을 주는 '매출액'이 '사장의 통제 밖'에 있다는 사실을 깊이 인식하는 것이다. 특히 열정과 추진력이 가득한 사장일수록 더욱 중요하다. 결국 수익경영을 위해 사장이 직접 통제할 수 있는 영역은 크게 두 가지로 좁혀진다.

매출원가와 판관비

'매출원가'는 좀 더 자세히 살펴보면 '제조원가'와 '정상판매율'에 영향을 받는다. '정상판매율' 또한 사장의 통제 밖에 있기에 제외하면 결국 '제조원가'만 남는다. '제조원가'는 다시 사전·사후원가와 제조경비, 그리고 어떤 경우 생산취소에 의한 손실까지 포함한다. 대부분 개발 또는 생산팀에서 사장에게 보고하는 원가는 '사사전원가(사전원가보다 앞 단계인 기획원가)'다. 생산발주 전에 기획단계에서 제안하는 제품의 설계원가를 말한다.

위에서처럼 개발 미팅 중 품질향상을 위해 자금을 더 투입하는 것은 '사사전원가'가 변한다는 이야기다. 생산발주 시 정해지는 원가는 '사전

항목		기획 단계	발주 단계	정산 단계
매출원가	제조원가	사사전원가	사전원가	사후원가
		제조경비		
	정상판매율			

원가'다. 그리고 생산이 최종 진행되어 제품이 입고되고, 생산 비품과 관련된 생산 클레임 처리까지 모두 정산이 끝난 상태에서 나오는 원가가 '사후원가'다. 결국 사장은 '사전원가'와 '사후원가'만 관리하면 된다.

'판관비'는 '고정비'와 '변동비'로 구성되어 있다. 인건비는 고정비 중 가장 큰 비중을 차지하며 인사 결정에 따라 직접적인 영향을 받는다. 인건비 외 고정비는 회사 내규에 따라 기준을 정하면 된다. 그 외에는 변동비다. 이는 통제할 수 없는 영업 상황에 따라 변동하는 비용을 영업 상황과 연동할 수 있도록 규칙을 정하면 된다. 시간을 내서 과정을 하나하나 점검해가며 자신의 회사에 맞는 기준을 정하고, 그 기준값을 외우게 하여 이를 정기적으로 피드백하는 조직문화를 만들면 된다.

정리하면 매출과 정상판매율은 사장의 통제 밖에 있으므로 이 수치를 올리려면 구성원 전체의 노력이 동시에 필요하다. 그러나 수익은 다르다. 핵심 실무자들과 핵심지표를 사전에 관리하면 된다. 즉 틀을 미리 짜 두고 그에 맞추어 영역별로 목표를 관리하면 된다.

어떤 사업 영역이든 수익경영의 관점에서 핵심이 있게 마련이다. 그 핵심을 찾아내고 벤치마킹할 수 있는 모델 기업을 선정해 그들의 노하우를 배워 적용하는 집요함을 가진다면 경기에 상관없이 목표대로 수익 관리를 해낼 수 있다. 이것이 사장이 가져야 하는 수익경영의 역량이다. 다음 질문에 답을 해보라.

"당신 회사의 수익경영 핵심지표와 핵심 직원들은 누구인가?"

핵심지표 관리 역량이
있어야 한다

100세 시대가 왔다고 다들 떠들썩하다. 고령의 어르신뿐만 아니라 젊은이조차 건강하게 노후를 보내야 한다며 건강관리에 관심이 많다. 현재 우리나라에서는 건강보험료를 내고 있는 모든 사람을 대상으로 40세부터 2년마다 한 번씩 건강검진을 받을 수 있게 하고 있다. 그래서 건강에 신경을 쓰지 않던 사람도 40대가 되면 건강관리를 시작하게 된다. 건강검진을 받고 나면 결과지를 받아 보는데, 의료진은 이 결과를 참고해 진단을 하고 처방을 준비한다. 대부분의 용어가 의학 전문용어라 검진자들은 보통 의료진의 결정에 의존해 결론적 처방만 읽게 된다.

회사의 건강진단지표 읽기

나 또한 정기적으로 건강검진을 받아왔다. 평상시에는 건강에 관심이 없다가도 어디가 안 좋다며 재검하라는 처방이 나오면 불안한 마음에 부랴부랴 세부지표들을 검색해 가면서 검진 수치가 들려주는 경고음에 촉각을 세우곤 했다. 이렇게 몸의 건강상태를 진단하는 핵심지표와 목푯값들이 있는 것처럼, 회사의 건강 상태를 진단하는 지표들이 있다.

나는 직장생활 중 여러 직무를 경험했다. 그중 가장 오랜 시간을 보낸 곳이 기획부서였다. 기획부에서는 사업부의 목표와 목표 달성을 위한 전략을 수립하고, 실행 과정에서 평가와 피드백을 통해 실적을 관리한다. 연간 매출과 수익 목표를 설정할 뿐만 아니라, 그 목표들을 달성할 수 있는 핵심요소에 해당하는 하위 목표도 함께 세운다. 예를 들어 사업부의 목표가 전년보다 매출을 30퍼센트 성장시키는 것이라면 기존매장별 전년 대비 매출성장률 목표와 신규 매장 오픈 수, 월평균 매출 목표액까지 연동해서 수립한다. 이를 지역별 또는 지부별로 협의를 거쳐 세부 목표를 세우고, 필요하면 개인별 목푯값까지 만든다.

그러던 중 IMF를 맞아 회사에 큰 위기가 닥쳤다. 직원의 3분의 2를 구조조정한 상태에서도 계속 생존을 위한 새로운 과제들이 쏟아졌다. 이때 경영자가 올바른 의사결정을 할 수 있도록 돕기 위한 목표 수립 도구이자 평가 도구로 BSC(Blanced Score Card: 균형 성과표)를 도입했다. 매출이나 수익 등 재무적 지표만으로는 경영전략과의 연계성이 부족하고 과거 정보에만 집착하게 되므로, 미래 경쟁력에 대한 지표로 활용되기 힘들었다는 반성에서 만들어진 도구다. 재무적 지표뿐만 아니라 고객 관점, 내부 프로세스 관점, 학습과 성장 등 네 가지 관점에서 균형 잡히게 평가하여 현재 기업의 상태뿐만 아니라 미래에 대한 경고등 역할을 할 수 있게 한 것이다. 이를 활용해서 목표 수립에서부터 평가와 전략 재수립에 이르기까지 수없이 많은 월별, 분기별, 반기별, 그리고 연간 경영평가회를 준비하고 진행하면서 나는 사업부나 회사를 진단하고 처방할 수 있는 눈과 촉을 기를 수 있게 되었다.

중소기업 현장에 나오면 사업을 시작한 지 거의 10년이 넘어가는데도 회사의 건강 상태를 제대로 진단할 수 있는 평가틀을 가지지 못한 사장이 훨씬 많다는 사실을 알게 된다. 나는 왜 그럴까 무척 궁금했다. 대화를 나눠보니 주로 다음과 같은 두 가지 이유 때문이었다.

첫째는 사장인 그들에게 그럴만한 시간적 여유가 없었다. 창업한 경우, 사장이 직접 상품과 서비스를 개발하는 경우가 대다수다. 초도 상품과 서비스를 개발한 후 시장에 출시하고, 고객 반응에 따라 수정·보완하여 재출시를 거듭하면서 안정적인 거래처 또는 고객들을 확보하기까지 부단한 씨름이 계속된다. 그리고 그 고비를 넘겨 조금 성장에 박차를 가하려고 하면 1인 10역을 해내야 한다. 회사의 현 상태를 진단해볼 시간이 절대적으로 부족할 수밖에 없다.

둘째는 그런 것을 제대로 배운 적이 없었다. 어느 정도 규모를 가진 기업에서 직장생활을 해본 경험이 전무한 데다가 대부분 경영학을 전공하지 않은 개발자나 기술자 출신인 경우가 많기에 경영을 관리할 훈련이 되어 있지 않았던 것이다.

핵심지표 모니터링 시스템을 운영하라

다음은 경영자문을 위해 만난 어느 사장과 인터뷰를 하면서 나누었던 대화의 내용이다.

"대표님, 연간 매출은 얼마나 됩니까?"

"약 70억 원 정도 될 것 같습니다만…… 정확히는 모르겠습니다."

"지난 3년 동안 매출성장률은 어느 정도 되나요?"

"정확한 수치는 생각 안 해봤어요. 계속 성장하고 있어요."

"그럼 연간 영업 수익률은 얼마죠?"

"영업 수익률요? 잘 모르겠는데요……."

난 더는 질문하지 않았다. 생산성 관련 질문은 시기상조인 듯했다.

얼마 후 월 보고 회의에 들어갔다. 지사별 책임자인 지사장, 부문별 담당자인 부서 책임자들이 들어 왔다. 한 시간가량 회의를 진행한 후 따로 나와 대표에게 물어보았다.

"대표님, 지사별로 월 영업 목푯값이 없는 이유가 무엇이죠?"

"특별히 없어요. 무조건 회원 수를 높일 수 있는 시도를 최선을 다해 열심히 하는 것이 목표예요. 그러는 가운데 성장을 거듭했어요."

"지사 말고 다른 부문 책임자들에게도 목푯값이 없는 이유는요?"

"그 사람들은 나랑 매일같이 개발하고 작업하기 때문에 그때그때 소통해요."

20년간 대기업에서 직장생활을 한 나의 경험으로는 좀처럼 이해할 수 없는 상황이었다. 그러나 다른 회사 사장에게서도 비슷한 대답을 들으면서 이것이 중소기업의 현주소임을 알게 되었다. 이제까지 그냥 하던 대로 해도 문제없이 성장했다는 것이 천만다행일 정도였다.

경영자문역을 맡은 회사 사장과 함께 영업 현황을 심도 있게 살펴보는 가운데 한 가지 성장 원인을 쉽게 발견할 수 있었다. 지난 수년간 매출이 성장할 수 있었던 이유는 이 회사가 가진 경쟁력도 크게 기여했지만, 시장 상황이 매우 유리했던 덕분이었다. 내가 이 회사의 거래처 중 하나인 유통회사 출신인 만큼 그 시장을 사장보다 더 잘 알았기 때문에 해석이 쉬웠다. 그래서 그에게 배경을 설명해주었더니 나의 의견에 쉽게 동의했다. 나는 이렇게 말했다.

"사장님, 앞으로가 문제입니다. 조만간 시장환경은 사장님에게 매우 불리하게 바뀔 것입니다."

유통 구조의 변화를 잘 알고 있었기 때문에 가능한 분석이었다. 그리고 실제로 2년 후에 징후가 나타나기 시작했다. 그러나 다행히 이 회사는 2년 전부터 운영에 필요한 핵심관리지표들을 도출하여 모니터링 시스템을 갖추었다. 그리고 현장 책임자가 목표관리를 위해 개인과 조직의 역량을 향상시키는 사전 준비작업에 혼신의 힘을 쏟았기에 유통시장의 변화에 잘 대처했을 뿐만 아니라 다른 경쟁업체에 비해 차별된 경쟁력으로 계속 성장을 주도할 수 있었다.

작은 규모의 기업은 기획팀을 따로 두기가 거의 불가능하다. 그래서 균형 잡힌 목표를 세우고 관리하는 일은 사장이 직접 해야 한다. 더욱이 현재와 미래를 항상 동시에 고민하면서 의사결정을 내려야 하는 상황이기에 사장이 이 역할을 잘하면 다른 영역에서도 시너지를 얻을 수 있다. 경쟁 환경 속에서 전략적 제휴를 하거나 경쟁사를 분석해야 할 때 전략적인 분석과 기회를 찾아내는 감을 익힐 수 있기 때문이다.

건강검진을 받아야 하는 이유는 질병 예방과 치료를 위해서다. 경영 관리를 위한 핵심지표들과 표준 수치를 가지고 정기적으로 회사를 검진해야 하는 이유 또한 위기를 예방하고 문제를 해결하며 새로운 기회를 선점할 수 있는 경쟁력을 가지기 위해서다. 이 표준 수치들을 암기하고, 수치 해석과 현장 확인을 통해 항상 이중으로 체크하면서 경영을 한다면 현장에서 즉시 의사결정을 내려야 할 때 당황하지 않고 옳은 결정을 내릴 수 있을 것이다.

투자자의 관점으로 관리하는
역량이 있어야 한다

금융 관련 소식을 듣다 보면 최근 3년 동안 M&A 건수가 지난 10년보다 3배 이상 증가했다고 한다. 빅딜만 있는 것이 아니라 작은 규모의 인수합병 사례도 늘고 있다고 한다. 기업 환경이 좋지 않아서라는 일각의 염려도 있지만, 소유와 경영이 분리되어 전문화되어가는 경향이 두드러진다는 면도 없지 않다고 한다.

사업을 시작한 사장은 누구나 성공을 원한다. 굳이 단계를 나눠서 생각한다면 일차적인 목표는 시장에서의 생존이다. 어렵게 준비해 투자한 자본을 잃어버리지 않으면서 현금흐름이 돌아야 한다. 물론 사업을 위해 낸 빚이 있다면 조기 상환할 수 있으면 더 좋다. 이 단계가 지나면 연간 매출 100억 원 돌파가 상징적인 다음 목표가 된다. 업종에 따라 수익률이 차이가 나겠지만 보통 연간 10억 원 정도의 현금흐름이 창출되기 때문이다. 최근 대세를 이루는 플랫폼 비즈니스 같은 경우는 성장 궤도가 다를 수도 있지만, 일반적인 기업의 성장 단계는 위와 같다.

보통 이 정도는 되어야 성장을 위한 투자를 조금씩 실행할 수 있게 되어 연 매출 150억, 그리고 200억 원 돌파를 추가 목표로 설정하고 매진한다. 이 시점에 이르면 국내의 경우 시장 규모에 따라 필요하면 제2의 성장엔진을 준비해야 하는 상황을 맞이한다. 핵심역량에 기반한 사업 다각화나 전략적 제휴 등을 통해 연간 300억에서 500억 원 돌파를 새로운 목표로 세우고 상장(IPO) 등을 구체적인 목표로 수립한다. 또한 소유와 경영의 분리가 본인과 회사에 더 유익하다고 전략적으로 판단하는 경우도 있을 수 있다. 다시 말하지만 이런 흐름이 일률적이거나 기계적이지 않다는 것은 대부분 잘 알 것이다. 다만 이런 경향을 이해하면 회사를 경영하는 데 도움이 된다.

정직해야 결정적일 때 살아남는다

"주 과장, 투자가 확정됐대. 우린 이제 살았어."

내가 다니던 회사는 중견기업 규모를 지나 대기업 규모로 성장하려고 전력을 다하던 중에 IMF 외환위기를 맞았다. 그룹사 전체적으로는 매출이 50퍼센트대로 떨어졌고 현금흐름은 막혀 있었다. 생존을 위해 눈물을 머금고 과감한 구조조정도 진행되었지만 역부족이었다. 회사 전체에 부도의 위기감이 깊게 드리워져 있었다. 회사 경영진은 외국투자 자본을 끌어들이는 것이 유일한 방법이라 판단하고 여기저기로 분주히 뛰어다니고 있었다. 그러던 중에 들려온 낭보였다. 모든 직원들이 환호성을 질렀다. 그때 약 300억 원 정도를 투자받게 되었는데, 그것이 생명 줄이 되어 기사회생해서 지금은 기업 가치가 수조 원에 이르는 대기업으로 성장했다.

얼마 후 투자 과정의 스토리를 전해 들었다. 그 당시 우리에게 투자를 결정한 외국투자회사는 약 5억 달러를 들고 와서 우리 회사에 10분의 1을 투자하고 거의 1년 동안 나머지 돈을 어느 곳에도 투자하지 못하고 있었다고 한다. IMF 당시가 헐값에 기업들을 살 수 있는 절호의 기회임을 누구보다도 잘 아는 그들이 주저하는 이유를 물었더니, 대부분 회사가 장부를 두 개 가지고 있더라는 것이었다. 그러나 우리 회사는 장부가 하나라서 투자했다고 한다. 정직하면 언제나 손해를 보는 것 같지만, 결정적일 때는 정직해서 살아남는다는 것을 전 직원들이 깨닫게 되는 시간이었다.

사장 차량 범칙금은 사장이 내게 하자

개인사업자로 시작된 회사가 성장하면서 법인으로 전환하는 경우가 많다. 개인사업에서 법인으로 바뀌는 것이 무엇을 의미하는지 정확히 알고 진행하기보단 세금 부분에서 유리하기 때문에 이 과정을 거치는 사례를 자주 보았다. 그러다 보니 법인 전환 이후에도 개인사업자 시절 업무를 처리하던 방식 그대로 진행하는 경우가 많다. 대표적인 것이 사장과 법인 간의 돈거래와 관련된 일이다. 투명하고 바른 방식으로 처리되어야 하는데 개인사업자 시절에 행했던 익숙한 방식으로 처리되는 경우가 대다수다. 즉 회사 돈과 개인 돈이 섞이는 경우가 많다.

경영자문을 맡고 있던 한 회사에서 있었던 일이다. 경리를 담당하고 있는 직원에게 물었다.

"○○씨, 왜 임원 차량 범칙금을 회사에서 내고 있나요?"

"원래부터 그랬어요. 사장님 차량 범칙금도 회사에서 내잖아요."

알고 보니 사장과 지금 임원을 맡고 있는 창업 멤버들은 개인사업자 시절부터 24시간 회사 일에 몰두하느라 사생활과 회사생활의 구분이 없었다. 그러다 보니 회사 차량으로 하는 모든 일이 회사 일이 되는 것이 당연했고, 회사 일을 하다가 교통 범칙금이 발생하면 회사 돈으로 처리했던 것이다. 그래서 따로 사장을 만나 법인으로 회사를 운영할 때 지켜야 할 것이 하나 있다고 말했다. 사장의 잘못으로 인해 발생하는 사장 차량의 범칙금은 사장이 지불해야 한다고 말이다. 그리고 임원들에게도 동일하게 이야기했다. 작은 일 같지만 이것이 전 직원들에게 회사 돈을 어떻게 사용하는지를 보여주는 좋은 기준이 되고, 법인이 법인다워지는 작은 시작임을 알렸다.

수년이 지난 후, 이 회사는 국내 투자회사로부터 큰 투자를 받았다. 소유와 경영을 분리하기로 한 사장이 매각을 결정한 것이다. 이를 준비하는 과정에서 투자업체 전문가인 지인에게, 투자를 결정할 때 대상 기업에 대한 매출과 수익성장률, 수익성 그리고 확장성과 리스크 등의 여러 요소 중 제일 중요한 것이 무엇인지 물어보았다. 그는 조금의 망설임도 없이 "사장 돈과 회사 돈이 정확히 분리되어 있는가죠"라고 대답했다.

물론 이 회사는 오래전부터 상장을 생각하면서 이것저것을 준비해왔다. 회계 업무를 예로 들면, 경리 수준의 회계팀을 보강하여 외부 기장

처리방식에서 내부 자체 기장으로 업무를 변경하고, 자금과 회계팀을 이원화해서 상호 체크가 가능하게 했다. 또한 신뢰할 만한 회계법인을 자문사로 선택해서 내부감사 체계를 조기에 도입했다. 연 매출 100억 원대 돌파를 앞두고 그동안 영업을 중시하느라 상대적으로 관리가 부족했던 예산관리, 세무관리, 인사관리, 법무관리 등을 보강하는 과정을 거치면서 법인다운 회사 면모를 갖추게 된 것이다.

IMF 외환위기 속에서 외국투자자금의 수혈로 부도 위기를 극복하고 대기업으로 도약한, 내가 이전에 몸담았던 회사는 그 투자회사로부터 요구받는 조건들을 이해하고 수행하는 과정에서 취득한 지식을 재활용하여 미래 성장 전략인 M&A 역량을 기업의 핵심역량으로 내재화함으로써 큰 도약을 이루었다. 이처럼 상장과 기업 매각 등을 실제로 진행하지 않는다 하더라도, 사장은 투자자의 관점에서 회사를 진단하고 관리할 수 있는 역량을 갖추어야 한다. 자신의 회사를 보다 객관적으로 이해하게 되고, 보다 경쟁력 있게 경영할 수 있는 통찰과 지식을 제공해줄 것이기 때문이다.

3장

사장 스스로에게
일을 잘 시켜라

사장은 사람을 통해 성과를 내야 한다. 그 첫 번째 대상이 바로 자기 자신
이다. 사장은 대기업처럼 다른 리더십으로 대체될 수 없다. 스스로 돌파해
나기야 한디. 그러려면 우선 지신을 객관적으로 잘 이헤할 필요기 있디.

자신을
객관적으로 이해하라

2018년 10월 13일 자 어느 스포츠 관련 기사에 "볼을 두려워하지 않는다" 벤투가 만든 확실한 색깔'이라는 헤드라인이 걸렸다. 축구 강호 우루과이를 일곱 차례 만나 단 한 번도 이기지 못했던 한국이 2:1로 멋진 승리를 거둔 다음 날 기사였다. 한국 국가대표 감독으로 얼마 전 새로 부임한 파울루 벤투 감독에 대한 고조된 관심에 대한 첫 번째 답변이었다. 그 기사는 이렇게 이어졌다.

파울루 벤투 축구대표팀 감독은 '정체성'을 강조한다. 짧은 시간 대표팀에 자신의 색깔을 불어넣기 위한 작업이 한창인 벤투 감독의 성과가 조금씩 나오고 있다. 벤투 호가 보여준 움직임은 강렬했다. 눈에 띄는 변화는 패스의 전진성이다.

이렇듯 모든 축구대표팀 감독은 팀을 맡게 되면 자신의 색깔로 팀을 만든다. 1997년 이후 지금까지 한국 축구대표팀을 거쳐 간 감독은 외국인 일곱 명과 내국인 여섯 명이었다. 가장 기억에 남는 감독은 물론 히딩크 감독이다. 그는 월드컵 4강 신화란 엄청난 성과를 이뤄냈다. 그의 색깔은 수준 높은 체력 훈련으로 한 발 더 뛰는 특유의 조직력 축구를 이루어내는 것이었다. 이를 위해 젊고 재능있는 선수들을 적극 기용했다. 수비형 미드필더 김남일, 왼쪽 윙백 이영표, 측면 공격수 박지성의 발탁이 대표적이다. 더욱이 왜 그래야 하는지 홍명보, 황선홍을 비롯한 고참 스타선수들을 비롯해 관련된 모든 파트너와 적극적으로 소통했다. 일회일비하지 않고 일관성 있게 밀어붙였다. 그리고 최종 성과로 증명해 보였다. 자기 색깔을 정확히 알고 있을 뿐만 아니라 소통에도 능했던 것이다.

당신은 어떤 유형의 리더인가?

대한축구협회에서 국가대표 감독이 선임되듯 대기업에서는 계열사 사장이, 작게는 사업부 책임자가 선임된다. 이때 선발 기준은 무엇일까?

방법은 여러 가지가 있겠지만, 먼저 해당 조직이 어떤 색깔의 리더십을 필요로 하는지를 진단한다. 그 조직에 개척형 리더십이 필요한가? 아니면 구조조정형 리더십이 필요한가? 혹은 구조조정이 끝난 상황에서 화합 및 유지형 또는 관리형 리더십이 필요한 것인가를 살펴봐야 한다. 그 후에 적합한 인재를 물색한다. 그래서 인사팀에서는 경영자의 자질이 있는 후보들을 사전에 분류하여 관리한다. 신입 사원 선발부터 순환근무 경력까지 살피며 그가 어떤 색깔의 리더십을 발휘했는지 살핀다.

객관적인 검사 결과와 실적에서 드러나는 강점과 약점, 그리고 동료의 평판까지 360도 확인한다.

물론 이렇게 한다고 해서 언제나 최적의 배치가 이루어지는 것은 아니다. 경영 현장에서는 예상치 못한 변수들이 너무도 많다. 그렇기에 때로는 의도한 것과 다른 결과가 나오기도 하지만 대체로 이 방법이 효과적이다.

나는 개척형 리더와 구조조정형 리더를 각각 가깝게 모시고 오랫동안 일을 했다. 개척형 리더를 따라 한 번도 가보지 않은 길을 개척하는 일은 안정형이나 관계지향형 직원들에게는 무척이나 힘겹다. 예상치 못한 숱한 장애물들을 당연히 여기며 매번 한계에 도전하는 삶을 즐겨야만 주도적으로 따라갈 수 있기 때문이다. 그렇다고 개척형 직원들만 데리고 가면 잘될 것 같지만 반드시 그렇지만은 않다. 우리는 로봇이 아니라 사람이기 때문이다.

구조조정형 리더를 따르는 것 또한 만만치 않다. 이미 어려워져 있는 사업부이기에 단기간 안에 성과를 내야만 생존할 수 있으므로 더 물러설 곳이 없는 것이다. 원칙을 수립하고 목표를 달성하는 데 한 치의 양보도 있을 수 없다. 짠 수건을 또 짜고, 극심한 다이어트와 같은 비상경영 체제를 독하게 실행해 나가야 한다. 내가 경험했던 두 리더 모두 자신의 색깔을 명확히 나타냈고 적극적으로 소통하고 설득해나가며 뛰어난 성과를 거두었다.

당신은 어떤 유형의 리더십 색깔을 가지고 있는가?

회사를 물려받은 경우를 제외하면 대부분의 사장은 자신이 어떤 유형이든 상관없이 개척형 리더십을 발휘해야 한다. 맨땅에서 사업을 시작하기에 무엇이든지 혼자 알아서 다해야 한다. 자신의 능력 안에 있는 것은 말할 것도 없고, 능력 밖에 있는 것이라고 누가 대신해주지도 않는다. 다 잘하고 싶어 슈퍼맨이 되고 싶지만 그렇게 될 수는 없다는 걸 스스로가 잘 안다. 일단 자신이 아는 상식선에서 대처하는 데만도 해야 할 일들이 물밀듯 밀려들기 때문에 그런 생각을 할 여유조차 없이 수년을 달려온다.

그렇게 어렵사리 사업이 한 바퀴 돌아가기 시작할 무렵이 되면 두 가지 현상이 발생한다. 첫째로 지쳐 있는 자신을 발견하고, 둘째로 자신이 잘하고 있는 것인지 의문이 들기 시작한다. "이대로 계속하면 잘될까?" 자문하게 된다. 대기업이라면 다음 단계에 맞는 최적의 차기 주자를 선발해 배치하면 되겠지만 사장인 당신은 그렇게 할 수 없지 않은가?

일을 잘하는 사장이란

내게 도움을 요청한 어느 젊은 사장은 자신이 이런 한계 상황에 봉착했다는 사실을 직감했다. 그래서 자신이 사장으로서 참여하는 모든 미팅에 나를 참석시키고 자신의 말과 행동에 대해 객관적인 피드백을 요청했다. 그리고 사장의 생산성 향상에 관한 추천도서 한 권을 정해서 함께 학습하기를 원했다.

미팅 현장에서, 그리고 학습 과정에서 보이는 사장의 모습은 호기심이 많고 항상 가능성이 열려 있었다. 전체적인 그림을 직관적으로 파악할 수 있는 재능이 있으면서 현장 중심이었다. 안 되는 일은 없고, 기준은 높았으며, 실천적이었다. 창의적인 일을 즐기는 편이라 새롭고 독창적인 것을 만드는 데 무척 흥미를 보이지만 싫증을 빨리 내는 유형이었다.

그는 개척자형이면서 또한 돌파형 리더십을 가지고 있었다. 노력을 하면 결과가 반드시 나와야 한다고 생각했고 끈질기고 추진력이 강했다. 협상을 즐기고 사교성도 뛰어나 본인 스스로가 분위기 메이커였다. 실행형이면서 사교형이고 협상가형이기도 했다.

젊은 사장은 이러한 피드백을 받고, 당시 회사가 급성장의 기회를 확보하기 위해서 맞이해야 하는 어려움을 해결하기 위해 자신이 무엇을 해야 하고, 무엇을 하지 말아야 하는지 스스로 결정해 나갔다. 이전에 성공에 기여한 자신의 강점이 새로운 환경에서는 먹히지 않고 오히려 상황을 더 어렵게 만들 수도 있다는 것도 이해했고, 피할 수 없는 약점은 도움되는 사람이나 정책과 제도로 보완해야 함을 꿰뚫어 보았다.

사장은 사람을 통해 성과를 내야 한다. 그 첫 번째 대상이 바로 자기 자신이다. 사장은 대기업처럼 다른 리더십으로 대체될 수 없다. 스스로 돌파해 나가야 한다. 그러려면 우선 자신을 객관적으로 잘 이해할 필요가 있다. 특히 성공적인 창업을 경험한 리더일수록 더욱 정기적으로 자기를 성찰하는 시간을 따로 가져야 한다. 스스로에게 일을 잘 시키려면 정기적으로 성찰해야 한다. 여기서 사람에 대한 깊은 이해에 근거한 당신만의 경영철학이 꽃피게 되는 것이다.

능력을 성과로 연결시키는
습관을 길러라

퇴근 시간이 이미 두 시간이 훌쩍 지났는데도 사장실 앞에 여러 팀이 보고를 위해 대기하고 있다. 모두 불편한 얼굴을 하고 있는데 오래전부터 그랬기에 당연한 듯 전혀 문제의식을 느끼지 못하는 것 같다. 그래서인지 사장도, 직원들도 모두 매일 늦게까지 일하고 있다.

그 회사 사장에게 물었다.

"사장님, 언제부터 이렇게 일하셨나요?"

"몇 년 되었네요. 부서가 많아지면서 더 그러네요."

"그런데 왜 이렇게 일하세요?"

"모든 부서의 보고를 직접 듣고 의사결정을 해주어야 해요. 그래야 회사가 돌아가니까요."

사장과 이야기를 나누면서 상황이 명확히 보였다. 창업한 경우, 디자인과 상품개발부터 생산, 그리고 영업과 관리까지 모든 업무는 사장이 제일 잘 안다. 그래서 생각은 사장이 하고 직원들은 그것을 실행하고 점검받는 방식으로 회사가 돌아가고 있었다. 그러다 보니 사장이 제일 바쁘고 사장의 시간 관리 품질이 회사의 생산성 품질이 되어 버린 것이다.

그 사장은 이와 반대로 되기를 원했다. 자신이 더 중요한 일을 하기 위해 잠시 현업을 떠나 있어도 회사가 원만히 돌아가기를 기대했다. 그러나 현실은 정반대였다. 지금처럼 일하면 언제쯤 그런 날이 올지 막막할 뿐이었다.

더 현명하게 일하기

그래서 그 사장과 함께 '더 현명하게 일하기'란 주제를 가지고 함께 학습하기로 했다. 학습 방식은 실제 문제를 해결해가는 과정 안에서 학습하는 '액션러닝(action learning)'을 기본으로 했다. 피터 드러커가 지은 《프로페셔널의 조건》이라는 책을 활용했다. 이 책에서는 일을 잘하기 위해 다음 다섯 가지를 해야 한다고 말한다.

첫째, 과업을 재정의하기

둘째, 작업을 과업에 집중시키기

셋째, 성과 규정하기

넷째, 리더와 근로자 간의 동반자 관계 구축하기

다섯째, 지속적으로 학습하기

위 사항을 사장에게 하나씩 물어보면서 스스로 진단해보게 했다.

"당신의 과업, 즉 꼭 달성하려고 하는 것은 무엇인가요? 왜 하려고 하세요? 혹시 다른 사람이 해도 되는 것은 아닌가요?"

"당신이 하는 일 중 당신의 과업과 관계없는 비부가가치 업무는 무엇이 있는가요?"

"당신 일의 성과는 무엇이 되어야 하나요? 질을 높이는 것인가요, 양을 늘리는 것인가요, 아니면 둘 다인가요?"

"당신은 실무자에게 해당 업무에 대한 그의 의견을 얼마나 많이 묻고 있나요, 혹시 지시하는 것을 소통이라고 생각하고 있지는 않나요?"

"당신은 직접 가르칠 때 가장 잘 배울 수 있다는 것을 알고 있나요?"

그 회사 사장은 모두 처음 받아보는 질문이라고 했다. 바로 답하기 어려운 것들이지만 자신에게 꼭 필요한 질문들이라고도 했다. 그러면서 '나는 정말 일을 잘하는 사장인가?'라고 때때로 자문한 적은 있지만, 이렇게 구체적인 질문을 붙들고 고민해본 적은 없다고 했다. 가장 생각을 많이 하게 하는 주제는 '사장의 과업은 무엇인가?'였다고 했다.

제대로 학습이 시작된 듯했다. 지금까지 일해온 방식이 실무자처럼 사장 역할을 하고 있지 않았는가 자신을 돌아보는 것에서 사장의 '더 현명하게 일하기'가 시작되기 때문이다.

1년 반 정도가 지나자 그 회사에 여러 변화가 나타났다. 우선 밤늦도록 사장실 앞에서 보고하기 위해 늘어선 줄이 없어졌다. 또한 각 영역에 의사결정 기준을 미리 정해두어 불필요한 보고 횟수가 줄었다. 그리고 사장 스스로 자신이 해야 하는 일과 실무자에게 위임해야 하는 일에 대한 안목이 생겨 팀장들을 더 잘 키울 수 있게 되었다. 그리고 팀장들에게도 자신이 붙들고 고민했던 다섯 가지 질문을 활용해 팀의 생산성도 높일 수 있도록 지도했다. 당연히 경영 실적도 좋아졌다.

무엇보다 독단적인 경영 스타일에서 직원들의 의견을 많이 듣게 되었고, 직원들이 잘해야 회사가 성장할 수 있다는 것을 배웠다고 한다. 그래서 사장은 생각하고 직원은 행동하는 방식에서 직원들이 생각할 수 있는 시간을 더 많이 가지도록 했다고 한다. 바람직한 변화였다. 사장 한 사람이 더 현명하게 일함으로써 회사의 생산성이 함께 오르는 좋은 경험을 한 것이다.

성과 습관 기르기

나는 이 과정에서 '성과 습관 기르기'라고 하는 실행능력 키우기를 병행토록 권했다. 피터 드러커는 일을 잘하는 사람이 공통적으로 가지고 있는 자질이 '실행능력'이라고 했다. 즉 자신의 능력과 존재를 성과로 연결시키기 위해 끊임없이 노력하는 것을 말하는데 이를 습관화시키는 것이 '성과 습관 기르기'다.

예를 들면 '공헌에 초점을 맞추기', '강점에 집중하기', '시간 기록·관리·통합하기' 그리고 '우선순위에 집중하기' 등이다. 하나 하나가 그리 만만치 않은 주제들이다. 그렇지만 집요하게 훈련한 사람에게 그 열매가 달다는 것을 나 스스로 경험했기에 강력히 추천했다. 먼저 사장이 첫 번째 대상이 되었고, 그다음은 팀장 순으로 진행했다.

"당신은 회사의 목적과 목표를 달성하기 위해 자신이 공헌할 수 있는 것이 무엇이라고 생각하는가?"란 질문을 팀장들과 나누면서 팀의 존재 이유를 묻게 되고, 다시 해당 팀원들에게까지 질문을 적용하면서 전사적 '역할 찾기'란 프로젝트로까지 확장되었다. 자신은 어떤 공헌을 하는 역할인지를 생각해보고, 그 역할을 잘하기 위한 자신의 과업들을 찾아보며 그것이 바람직한 결과를 낳을 때의 모습을 성과로 정하는 것이었다. 이는 자연스럽게 성과 관리 체계화로 나아가게 했고 결과적으로 성과 지향 조직 문화를 가져오게 했다.

우리는 모두 일을 잘하고 싶다. 직원들뿐만 아니라 사장도 일을 잘하고 싶다. 그런데 자신이 일을 잘하고 있는지 잘 못하고 있는지 이야기해주는 사람이 없는 것이 사장의 현실이다. 그렇지만 반대로 사장이 일을 잘하게 되면 회사의 성장은 바로 나타난다. 그만큼 사장의 역할이 큰 비중을 차지한다.

'일을 잘하는 사장과 일을 잘 못하는 사장의 차이는 무엇인가?' 스스로 자문해보고 '더 현명하게 일하기'와 '성과 습관 기르기'를 병행하면서 새로운 터닝 포인트를 만들어보길 바란다.

신뢰와 존중으로
직원을 대하라

일을 잘하는 사람은 방해요소가
무엇인지 사전에 살펴보고 제거한다. 그렇다면 일을 잘하고 싶은 사장
에게 있어서 사전에 제거해야 할 방해요소로는 과연 어떤 것이 있을까?

"아이디어를 잘 내는 방법이 있나요?"
"계획성을 높이는 방법이 있나요?"
"우선순위를 정하는 방법을 알고 싶어요."
"실행력을 높이는 방법을 알고 싶어요."

자기계발의 필요성을 절실히 느끼고 있는 한 사장이 내게 던진 질문
들이다. 이렇듯 문제 해결 역량이 부족한 것을 방해요소로 생각하고 있

는 경우가 많다. 물론 이런 문제는 도움을 줄 수 있는 전문가에게 시간을 투자해서 배우면 된다. '기법'이나 '노하우'를 배우고 익히는 과정을 거치면 해결될 수 있다. 그런데 이런 '기법'이나 '노하우'를 습득함으로써 해결될 수 없는, 조금 다른 유형의 방해요소가 있다. 바로 사장과 직원 간의 신뢰 문제다. 이것은 커뮤니케이션 기술 훈련 또는 설득력 향상 훈련 등으로 해결될 수 있는 성질의 것이 아니다.

'서로의 공기 호스를 밟지 마라'

사장과 직원이 각각 다른 공기탱크에 연결된 공기 호스로 숨을 쉬고 있다고 상상해 보자. 나는 사장은 '감사 탱크'에 연결된 호스로 숨을 쉬고, 직원은 '신뢰 탱크'에 연결된 호스로 숨을 쉬고 있다고 생각한다. 이때 사장에게 지속적으로 필요한 피드백은 감사에 기본을 둔 존경과 응원, 그리고 충성이다.

IMF 시절, 부도를 맞은 한 중견기업 사장의 가족이 모든 것을 잃고 길거리에 나 앉게 되었을 때 사내에서 크게 유망해 보이지 않던 부서의 부서장이 자신의 집을 팔아 반 뚝 떼어서 사장 가족이 거처할 전셋집을 구해주고 자신도 전세를 얻어 옮겼다는 이야기를 들었다. 모두들 자기 살길 찾기에 바빴던 다른 직원들과 달리 그 부서장은 사장이 가장 절실한 상황에서 감사를 잊지 않았던 것이다.

회사 자금 상황이 어려워 생산 거래처에 지불할 자금이 턱없이 부족할 때 선배들이 나서서 급여를 몇 달 미루자고 제안해 거래처 결제를 우선한 회사생활 경험이 나에게도 있다. 평상시 회사와 사장에 대한 감사가 어려운 시기에 숨통을 여는 산소탱크가 되는 것이다.

한편 직원들은 '신뢰 탱크'에 연결된 호스에서 나오는 존중, 기대, 기다림의 산소를 필요로 한다. 경력직 사원들이 직장을 옮길 때 주위 선배들에게 자주 듣게 되는 조언이 있다.

"회사를 잘 선택해야 해. 너의 쌓인 지식과 기능만 쏙 빼먹고 팽하는 사장들이 많아."

이런 경우가 아니더라도 신뢰 탱크 호스를 밟거나 비트는 작은 사례들이 주위에 많이 있다. 어렵게 채용을 해놓고 믿지 못하는 듯 감시와 감독 중심의 조직문화를 운영하는 곳도 있고, 잘못한 일을 놓고 업무능력이 아닌 인격을 짓밟는 언행을 아무 거리낌 없이 행하는 경우도 있다. 사장 스스로 직원의 산소 탱크를 비틀고 있다는 의식을 못 하고 월급을 준다는 이유 하나만으로 직원을 막 대하는 경우를 조심해야 한다. 필요한 성장을 위한 기다림의 시간을 무시하고 성과를 내놓으라고 밀어붙이기를 거듭하는 경우도 마찬가지다.

이런 것들이 회사를 건강하게 성장시키는 방해요소임을 사장 스스로 직시할 수 있는 통찰이 필요하다. 현재 회사의 구성원들의 사회적 배경을 보면 더욱 그렇다. 40대는 X 또는 Y세대요, 30대는 밀레니얼 세대다. 앞으로 입사하는 신입 사원들은 새천년 Z세대들이다. 그 어느 때보다도 서로를 이해하고 존중하는 자세가 필요한 상황이다. 그렇다고 직원들을 두려워할 필요는 없다. 다만 존중이 기본이 되어야 한다는 것이다.

'상자 밖에서 생각하라'

중소기업일수록 자원이 부족하다. 자금은 물론 사람, 시스템 등 모든 영역에서 자원이 부족하다. 그런데 사장과 함께 회사 현장 이야기를 나누다 보면 가장 중요하면서도 잘 발견되지 않는 부족한 자원이 있다. 바로 '사장이 생각하는 시간'이다. 회사의 성장을 방해하는, '사장 스스로 생각하는 시간'을 가지지 못하게 만드는 모든 요소를 제거해야 한다.

때때로 깊은 슬럼프에 빠진 사장을 만나곤 한다. 그들의 공통점은 생각할 시간을 가지지 못할 만큼 바쁘다는 것이다. 혹시 이 책을 읽는 당신도 지금 슬럼프에 빠져 있지는 않은가. 나는 슬럼프를 극복하는 가장 좋은 방법으로 '상자 밖에서 보라'고 조언한다.

"상자 밖에서 생각하라."

몇 해 전 한국을 방문한 미래학자 앨빈 토플러가 한국에 남긴 메시지다. '상자 안'에 갇혀 있다는 전제에서 던진 화두인 만큼 기존 패러다임, 기존 성공 패턴, 기존의 일하는 방식 등을 모두 부인하고 새로운 시각에서 생각하기를 강조하는 것이다.

상자 밖에서 보기 위해서는 생각할 시간을 의도적으로 가져야 한다. 당신의 주간 스케줄 또는 월간 스케줄표를 끄집어내 보라. 그리고 정기적으로 생각할 시간을 적어보고, 생각할 장소도 적어보라. 혹 필요하다면 생각의 깊이와 넓이를 확장시켜줄 전문가 친구들의 이름도 적어보고, 사업의 파트너들이 권해준 추천도서도 몇 권 챙겨보라. 그리고 생각할 시간을 마련해 떠나라. 의도적으로 떠나야 한다. 그것이 방해요소를 제거하여 사장 스스로에게 일을 잘 시키는 방법이다.

전문가를
활용하라

신규 브랜드를 책임지고 론칭할 때의 일이다. 리더인 내가 생산, 영업, 기획 등의 경력을 이미 가지고 있었던 상황이라 소수 정예의 인원으로 론칭팀이 꾸려졌다. 신규 브랜드 책임자라는 역할을 수년 동안 갈망해왔기에 정말 잘해내고 싶었다.

당시 내가 다니던 회사는 BUCO(Business Unit Chief Officer) 체제로 조직이 운영되고 있었다. BUCO 체제란 BU(Business Unit)라는 사업단위별 라인 조직과 CO(Chief Officer)라는 업무 담당별 스태프 조직을 병행해서 운영하는 조직 체제를 일컫는 회사 내부 용어다. CO라는 스태프 조직에는 최고전략책임자(CSO: Chief Strategy Officer)실, 최고재무책임자(CFO: Chief Financial Officer)실, 최고디자인책임자(CDO: Chief Design Officer)실 등 여러 팀으로 구성되어 있었다. 각 BU는 그룹의 전문 CO들로부터 전문 영역별 조언을 잘 활용하여 경영하도록 했고, 각 CO는 전문 영역별 지식을 글로벌 스탠더드 수준으로 끌어올리라고 요구받았다.

따라서 BU 조직에 속한 나는 신규 사업 관련 보고 체계가 BU장을 거쳐 최고경영자에게 바로 가는 것이 아니라 관련 CO들의 승인을 얻는 과정을 병행해야 했다. 당시 무엇이든지 해낼 자신감과 의욕이 가득 찼던 나는 승인 부서들인 CO실과의 협업에 속도가 나지 않아서 답답할 때가 많았다. 어떤 경우는 상사를 대여섯 명이나 두고 있지 않나 착각할 정도로 힘들다고 느낀 적도 있었다.

"도대체 제 상사는 몇 명인가요?"

한참 속도를 내야 하는 상황인데도 여러 CO의 승인을 얻어야만 그다음 단계로 나아가는 구조였기에 당시 나의 직속상사인 BU장에게 하소연을 했다.

그러나 여러 우여곡절을 겪은 뒤 오히려 그 CO들의 도움으로 신규 브랜드가 잘 론칭되었다는 사실을 알게 되었다. 의욕만 앞서는 초보 책임자가 론칭이라는 목표만 보고 정신없이 달려가다 빠질 수 있는 여러 리스크들을 사전에 제거하고, 신규 브랜드의 여러 부문에서 품질을 올릴 수 있었던 것이 그들의 전문적 조언 때문에 가능했음을 나중에야 깨닫게 되었다.

자문단을 주도적으로 활용하라

중소기업 현장에서 만나는 사장들에게도 이런 CO 그룹이 있으면 얼마나 좋을까 생각해본다. 개발자, 기술자, 엔지니어 출신 사장들에겐 더욱 그렇다. 창업 이후 스스로 이런 체제의 필요성을 느껴 회사 내외부에 자문단을 두고 성공적으로 경영을 이끈 사장을 한 명 알고 있다. 그도 처음에는 개인사업자 세금 처리 문제를 의논하려고 세무사를 찾는 데서 시작했다고 한다.

계속 자신이 생산적인 일만 해왔다고 생각했던 그에게 세무, 회계, 법무 등의 일들은 생산적이지 않은 일이라 느껴졌다. 그에게 있어 이런 일은 주로 비용을 발생시키는 일이니 그렇게 느낄 만도 했다. 그러다 사업 규모가 조금씩 커지면서 사업 구조라든지 법인 전환 등의 굵직한 일들을 처리할 때 보다 전문성을 갖춘 사람들의 도움을 받아야 함을 느끼게 되었고 주변에 수소문을 하여 자문단을 꾸리기 시작했다. 항상 최선의 의사결정을 위해 부지런히 도움을 줄 수 있을 만한 사람들을 찾아다니며 도움을 요청하는 것이 그의 큰 장점이었다.

연간 매출 규모가 10억 원에서 30억 원을 넘고, 다시 50억 원에서 80억 원을 넘는 과정에서 그들의 조언이 큰 도움이 되었다고 했다. 이후 나와 만나 여러 가지 사안들을 상의하던 중 몇 가지 문제점이 드러났다. 내가 보기에 좋은 조언들도 있었지만 일부는 편법처럼 보이는 것들도 있었던 것이다. 당시로서는 '업계 관행'이라고도 하고, 회색 지대를 지혜롭게 돌파하는 것이라고 했을지는 모르지만, 결코 올바른 길로는 보이지 않았다. 사장인 그가 그 분야를 잘 몰랐기 때문일 수도 있고, 최소한의 비용으로 당면과제를 일단 해결하고 싶은 마음이 앞섰기 때문일 수도 있다.

그러나 그런 식의 단기적 처방은 그 순간을 모면할 수는 있지만 장기적으로 회사를 운영할 때는 독이 될 수도 있었다. 그는 이를 인지하고 기존 자문단의 일부를 교체하기로 했다. 어려운 시기에 도움받은 사실에 감사하면서 기존의 자문단을 잘 마무리한 그는 보다 신뢰할 만한 전문가들로 새로 자문단을 구성하고 2년 동안 매월 정기 모임을 가지면서 회사를 다져 나갔다. 기존에 단추를 잘못 채운 곳은 값을 지불하면서 고쳐나갔다.

이 과정에서 그는 비생산적이라고만 여겨졌던 회계, 세무, 법률 등의 분야의 세부 지식과 사장으로서 반드시 알고 경영해야 할 것이 무엇인지를 배우게 되었다. 이제는 전문가라고 하는 사람들의 말을 전적으로 맹신하지도 않고, 또 그때그때 최소비용의 사람으로 바꾸지도 않고 스스로 중심을 잡고 자문단을 주도적으로 활용하는 수준에 이르게 되었다며 중소기업 사장들에게 꼭 필요한 과정이라고 강조했다.

경영 멘토를 만나라

몇몇 중소기업 사장들을 방문하여 인터뷰한 적이 있다. 주제는 '회사를 경영하면서 경영전문가에게 도움을 받고 싶은 부분은 무엇인가?'였다. 신뢰할 만한 곳의 추천으로 방문해서일까, 사장들은 인터뷰에 흔쾌히 응해주었다.

한 시간 반 정도 진행되는 인터뷰에서는 여러 질문이 쏟아져 나왔다. 성장전략, 조직화 그리고 성과관리 등등 영역들도 다양했다. 이 과정에서 발견한 것이 하나 있었다. 회사의 규모나 사장의 나이와 상관없이 질문의 수준이 차이가 난다는 점이었다. 하도 궁금하여 수준 높은 질문을 하는 사장 한 분께 물어보았다.

"대표님의 질문 수준이 아주 남다르십니다."

"질문을 잘하면 답을 쉽게 찾을 수 있지 않나요?"

"그렇죠. 그런데 어떻게 그런 생각을 하게 되셨나요?"

"저도 처음부터 이러지 않았어요. 멘토 덕분이에요."

사업 11년 차인 이 사장에게는 경영 멘토가 있었다. 창업 후 수년간 어려움에 허덕이다가 매월 1회, 토요일에 열리는 CEO 독서모임에 참석하게 되었다. 네 명으로 시작된 그 모임은 2년 동안 계속되었는데 마지막까지 완주한 사람은 자기 혼자였고, 그 모임을 이끌어준 사람을 경영 멘토로 삼고 지금도 정기적으로 만나고 있다고 했다. 그 만남을 통해 가장 도움받은 것이 무엇인지를 물어보았다.

"이전에는 내가 사업을 한 것이 아니었어요."

'자신이 경영자라는 사실을 제대로 인식하지 못하고 있었다'라는 사실을 아는 것이 가장 큰 깨달음이었다고 했다. 그리고 나서는 '사장'이라는 제목이 들어간 신간 서적을 무조건 사서 읽기 시작했다고 했다. '본질적인 문제'와 '현상적인 문제'를 분별하는 힘을 가지고 있는 그와의 인터뷰는 무척이나 즐겁고 유익한 시간이었다.

사장은 스스로에게 일을 잘 시켜야 한다. 사장의 생산성이 회사의 생산성과 직결되기 때문이다. 경영 멘토가 되었든 자문단이 되었든, 회사 사정에 맞는 조력자를 선택함으로써 스스로에게 일을 잘 시키는 사장이 되기를 기대한다.

내일 결과를 얻기 위해
오늘 내려야 할 의사결정은?

결실의 계절에 좋은 열매를 얻기 위해서는 좋은 토양을 만드는 것이 먼저이다. 이를 경영에 적용해 보면 구체적으로는 다음의 세 가지 영역에서 올바른 의사결정을 내려야 한다.

첫째는 사람에 대한 의사결정이다

일은 사람이 한다. 그래서 누가 하느냐가 중요하다. 선발과 재배치가 여기에 해당한다. 선발에는 신규채용과 내부발탁이 있다. 신규채용을 할 때는 가치와 미래에 포인트를 두어야 한다. 함께 갈 수 있는 사람인지, 그리고 미래를 함께 창조할 능력이 있는 사람인지가 주효하다. 사람을 발탁할 때는 최고의 인재를 단지 문제 해결을 위해 사용하는 것이 아니라 새로운 기회를 창출하기 위해 세우고 늘 후계자를 키우는 조직문화를 만들어야 한다. 재배치에서는 '강점 인사'와 '조직에 맞지 않는 사람과의 잘 헤어짐'이 중요하다.

둘째는 우선순위에 대한 의사결정이다

시간과 자원은 항상 부족하다. 그래서 우선순위가 필요하다. 주안점을 두어야 하는 부분은 기업의 존재 이유와 질적 전진이다. 기업 외부환경은 항상 변한다. 그 변화 속에서 존재 이유를 지켜나가는 창조적 활동이 우선되어야 한다. 그래야 미래가 있다. 이를 위해 양보다는 질적 전진에 집중해야 한다. 즉 질을 높여 양을 키우는 경쟁력 있는 선순환구조를 만들어야 한다.

셋째는 원칙에 대한 의사결정이다

회사를 운영하다 보면 회색 지대가 나타난다. 특히 사장이 경험해보지 않은 영역들이 부지기수다. 그렇다고 의사결정을 미룰 수도 없다. 이때, 관련된 사람과의 관계성이나 돈의 액수와 상관없이 따를 원칙이 필요하다. 편법을 택하지 않고 올바른 길을 걸을 수 있는 나침반이 필요하다. 오늘 내리는 결정이 내일 아침 4대 일간지에 뉴스로 알려지더라도 떳떳할 수 있어야 한다는 자체 기준을 가지는 것도 도움이 된다. 더욱이 사장 자신뿐만 아니라 모든 직원이 현장에서 크고 작은 의사결정을 할 때 한 방향으로 정렬될 수 있는 원칙과 이를 우선시하는 조직문화가 필요하다. 그런 조직을 정예화된 조직이라 한다.

이는 매우 어려운 작업이다. 그렇기에 사장은 자신만의 경영철학을 가지고 있어야 한다. 절대 포기할 수 없고 타협할 수 없는 것이 무엇인지를 깨닫고 이를 회사 경영에 실천하는 것이 리더십의 가장 우선이다.

2부

어떻게 직원을 통해 성과를 내야 하는가?

지시나 사정이 아니라
성장을 모티브로 일을 시켜라

4장

직원을 키워
성과를 내게 하라

팀장으로 인해 고민하고 있는 사장 본인 역시 사람을 키워 성과를 내는 체계적인 훈련을 받은 적이 전무하다. 그러다 보니 사장에게도 어떻게 팀장과 일을 해야 하는지 배워야 힐 과제가 주어진다.

어디 제대로 된
팀장 없나요?

과장 승진 면접관으로서 후보자들에게 자주 던지는 질문이 있다. 바로 "대리와 과장의 차이는 무엇이라 생각합니까?" 하는 것이다. 이 질문을 던지면 후보자들은 허를 찔린 얼굴로 침묵하곤 한다. 신입 사원 면접부터 각종 승진 면접관으로 현장에서 차출되어 면접장에서 보내는 일이 잦아지면서 나름대로 대상별 질문을 생각해보는 시간이 많아졌는데, 이는 그중 하나였다.

이 질문의 의도는 두 가지다. 하나는 승진하려는 과장 직급이 무엇을 중요시하는 직책인지 강조하려는 것이고, 다른 하나는 자기 자신을 그 기준으로 성찰할 기회를 주고 싶어서다. 머뭇거리다가 나름대로 생각한 답을 조심스럽게 건네는 후보자들에게 이렇게 내 생각을 전해주었다.

"대리는 자신의 업무 영역에서 구멍을 내지 않는 사람이라면, 과장은 사람을 키워 그런 대리들로 성장시키는 사람이라고 생각해요"라고 설명해주었다. 그리고는 "혹시 자신에게 후배 동료를 성장시킨 사례가 있는 사람부터 손들고 이야기해주세요"라고 면접을 이어나갔다.

후배 직원을 키워본 사람

나 또한 대리에서 과장으로 승진했던 시절이 있었다. IMF를 어렵게 통과하고 난 1999년경이었다. 승진 기준은 크게 두 가지였다. 부하직원 양성 사례 유무와 주요 업무 실적이었다. 당시 나는 영업관리팀 팀장으로 근무하다가 기획실로 이동해 기획팀 팀장으로 근무한 지 3년 차였다. 영업부에서 양성한 두 직원의 사례와 기획실에서 양성한 한 직원의 사례를 제출했고, 실적 또한 평가 기준을 통과해 다행히 승진할 수 있었다. 사람을 성장시켜서 그를 통해 성과를 내게 하고, 이를 바탕으로 팀 목표를 달성하는 경험을 중요시하는 조직에서 잘 배운 덕분이었다.

이러한 흐름은 차장 승진 시에도 계속되었다. 당시 나는 한 사업부를 맡고 있었는데, 후배 직원 양성의 기준은 후계자 양성이었다. 즉 사업부를 맡길 수 있는 후임자를 키워내야 했다. 대리인 내 후배 직원을 과장으로 승진시키는 것이 후임자 양성의 평가 기준 중 하나였다. 그러려면 당연히 그 또한 자신의 후배 직원을 양성한 실제 사례를 가지고 있어야 하니, 자연스레 나와 그, 그리고 그의 후배 직원, 이렇게 세 명이 한 세트가 되었다. 몸담았던 회사에서는 이런 방식으로 핵심인재들을 양성하는 시스템을 운영하고 있었다.

후계자 육성 과정은 8개월 이상 진행되었고, 학습과 현업 피드백을 통해 매주 1회씩 1:1 성장을 위한 미팅을 진행했다. 일에 대한 내용뿐만 아니라 삶을 나누는 과정이 포함되었다. 가정사와 진로에 대한 고민도 나누고, 함께 식사를 한 적도 많았다. 선배의 가치관과 지식, 일에 대한 태도와 역량이 함께 전수되는 시간을 목적으로 했던 것이다. 이를 가능하게 하려면 나 스스로 먼저 준비되어 있어야 하는 것이 많았다. 8개월, 32주의 육성 계획서를 준비하고, 교육 내용과 방식들을 자기 것으로 만드는 과정이 선행되어야만 했다. 돌아보면 이 과정이 나를 더욱 성장시켰던 것 같다.

경력 10년 차가 왜 이럴까

중소기업 사장들을 만나다 보면 업종과 상관없이 고민하는 주제가 하나 있다. 팀장들의 역량에 대한 아쉬움이다. 경력은 10년 차 이상인데 성과가 마음에 차지 않는 것이다. 그중 하나가 팀원들에게 일을 잘 못 시킨다는 점이었다. 밀어붙일 때는 확실히 밀어붙이고, 보살필 때는 적시에 보살펴서 근속률도 높이면서 팀 성과도 내주어야 하는데 현실은 그렇지 않았다. 사람이 너무 좋아서 팀원들을 제대로 밀어붙이지 못해 혼자 일을 다 끌어안고 밤을 새우고 있거나, 자기 잘난 맛에 팀원들은 무시하고 늘 비싼 연봉의 외부 인재 탓만 하는 팀장들이 많다는 것이다. 참 쉽지 않은 문제였다.

고민 해결을 위해 중소기업 팀장들의 배경을 살펴보았다. 개인 각자의 자기역량 개발에 대한 책임도 중요하지만 객관적인 사회 배경을 이해하면 그들을 이해하는 시작점을 찾을 수 있다. 2019년 현재 팀장들의 나이는 대부분 30대 후반에서 40대 중후반들이다. 그러니까 1970년대에서 1980년대 초에 태어난 X세대들이다. 사장들은 대부분 공동체 의식이 자연스러운 386세대 이상인 반면, 팀장들은 주위의 눈치를 잘 보지 않는 개성파 세대들이다.

더욱이 그들이 대학생이거나 막 사회에 진출할 때 우리나라는 IMF 경제위기 시기였다. 신입 사원을 뽑기는커녕 합격한 신입 사원 후보들에게 무한정 대기를 통보하거나 회사 자체가 사라지는 시기였던 것이다. 몇 년을 이리저리 어렵게 수소문해 들어간 직장생활에 조금 적응하려 할 때쯤인 2008년에는 금융위기를 맞이하게 되었다. 즉 직장생활을 안정적으로 할 수 없는 참 어려운 시대에 사회에 나오게 된 것이다.

그래서인지 팀장들은 직장 경력이 10년 이상이면서 대개 서너 번의 전직 경험이 있었다. 한 직장에서 5년 이상 꾸준히 다녀본 경험이 없어 일을 체계적으로 제대로 배울 수가 없었다. 그렇기에 실질적으로 국내에서 이 나이 또래 직원 중 제대로 훈련받은 팀장들을 구하기가 어렵다. 그래서 오래도록 일해온 경력자처럼 보이지만 현재는 적은 연봉을 줄 수밖에 없는 중소기업에 몸담고 있는 것이다.

팀원을 성장시켜 성과를 내게 하는 구체적인 경험을 본인 스스로 팀장으로부터 받아보지 못한 경우가 대다수고, 그러다 보니 어떻게 팀원을 키워내야 하는지, 즉 팀원 육성을 위해 본인이 알아야 하는 것이 무엇인지를 충분히 알지 못한 것이 당연했다.

그런데 팀장에 대한 고민을 둘러싼 더욱 중요한 이슈가 있었다. 이런 팀장으로 인해 고민하고 있는 사장 본인 역시 사람을 키워 성과를 내는 체계적인 훈련을 받은 적이 전무하다는 사실이다. 부모에게 물려받은 경우야 부모에게서 나름 노하우를 전수받을 수 있지만, 사장들은 대개 자수성가한 경우가 많다. 게다가 직장생활을 팀장 이상 해보고 창업을 하는 경우가 아니라 직장생활이 거의 전무한 상태에서 회사를 차린 경우가 대다수다. 그러다 보니 사장에게도 어떻게 팀장과 일을 해야 하는지 배워야 할 과제가 주어진다.

팀장은 어떻게 키우는 것인가

사장이 기대하는 팀장이 되려면 회사가 지향하는 가치관과 문제 해결 능력 등을 같은 조직 내에서 경영자나 선배들을 통해 익히는 시간과 환경이 필요하다. 기대와 관심을 받으며 강점을 통해 성과를 내도록 기회를 주고, 약점을 보완할 수 있는 지도와 피드백이 병행되는 기다림의 시간을 투자해야 한다. 문제 해결은 이 사실을 있는 그대로 받아들이는 것부터 시작한다. 팀장을 키우는 데 시간과 인내가 필요하다는 것을 정확히 인식했다면 다음 세 가지를 해야 한다.

첫째는 적합한 사람을 선택해야 한다. 선택의 기준은 '사장이 가장 중요하게 생각하는 핵심가치에 맞는가'다. 핵심가치란 공유가치라고도 하는데 조직 내에서 바람직한 행동을 제시하는 기본규범이며, 기업 구성원들이 공유하고 있는 가치관이자 신념을 말한다. 이것은 기업이 지향하는 신념과 기준으로서 의사결정 기준을 제시하는 중요한 기업문화의 한 요소다. 팀장 후보에게는 무엇보다 이 핵심가치에 공감하고 또 그것을 선호하는 열정이 있어야 한다. 실력보다 이것이 먼저다.

둘째는 선배가 후배에게 전수해 줄 핵심가치에 기반한 사고와 행동 습관들을 사장이 솔선수범해야 한다. 그리고 가르쳐야 한다. 그런 다음 직원에게도 이를 하게 하고, 피드백을 해주면서 지켜보아야 한다. 그런 과정을 통과한 후에 혼자서도 해볼 수 있도록 기회를 주며 일정 간격으로 정기 피드백을 해주어 성장시키는 것이다. 따라서 충분한 시간이 필요하다. 일은 관리할 수 있지만, 사람은 리드해야 하기 때문이다.

셋째는 사내에서 팀장급을 발탁하는 것이 가장 이상적이다. 도저히 사내에서 발탁하기 어려우면 가능한 그런 가능성을 가진 경력자를 채용한 후 단기적으로라도 이 과정을 거쳐야 한다. 회사마다 처한 환경이 다르기 때문에 적용하는 방식과 시기는 다를 수 있지만 원하는 팀장을 얻으려면 반드시 이 과정을 거쳐야 한다. 혼자 할 수 없다면 필요한 부분에 전문가들의 도움을 받더라도 꼭 거쳐야 하는 과정이다. 세상에 공짜는 없지 않은가. 사람 농사는 더욱 그러하다. 당신의 자녀를 그 밑에서 훈련시키고 싶은 그런 팀장 한 사람을 제대로 키워내라. 그러면 그가 여러 사람의 일을 해낼 것이다.

사장은
팀장이 아니다

CEO 코칭을 진행 중인 한 사장으로부터 주간회의에 참석해 달라는 연락을 받았다. 매주 진행하고 있는 주간회의 방식에 뭔가 변화가 필요하다는 생각이 자꾸 드는데 무엇을 어떻게 개선해야 할지 감이 잡히지 않으니 직접 참석해 보고 개선안을 제안해 달라는 요청이었다. 이 회사는 두 개의 사업팀을 운영하고 있었는데, 매주 월요일 오전에 사업팀별로 사장 주재의 주간회의를 진행하고 있었다. 모든 회의가 다 끝난 후, 사장은 내게 느낀 점과 개선점을 이야기해 달라고 했다.

"오늘 참석해 보니 어떤가요?"

"결론부터 이야기하자면 사장님이 팀장이네요."

"그런가요?"

"주간회의 내내 사장님이 이야기하더군요. 질문하고, 확인하고, 지시하고, 더욱이 교육까지 하니 팀장이라는 사람은 매우 수동적일 수밖에 없는 구조네요."

"맞아요. 그런데 이건 제가 원하는 모습이 아니에요. 어떻게 하면 좋죠?"

'주간회의 잘하는 법' 찾기 워크숍

이 문제를 해결하기 위해 따로 시간을 내어 '주간회의 잘하는 법'이라는 주제로 워크숍 시간을 가지기로 했다. 일주일 후, 사장을 포함한 주간회의에 참석하는 모든 사람을 대상으로 2시간 정도 워크숍 시간을 가졌다. 나는 워크숍을 시작하면서 모든 참석자에게 3가지 질문을 던졌다.

- 주간회의를 통해 얻고자 하는 것은?
- 기존 주간회의 시간을 통해 만족하는 점은 무엇이고 불만족한 점은?
- 이러이러한 방식으로 변경되었으면 하는 점은 무엇이며 그 이유는?

사장이 있어서 눈치를 볼 줄 알았는데 예상을 뒤집고 각자의 의견을 자연스럽게 발표했다. 이 과정을 통해서 참석자 모두는 주간회의를 왜 하는지 그 목적을 사전에 명확히 정하지도, 공유하지도 않았다는 사실을 직시하게 되었다. 그래서 바로 다음 순서로 회사의 주간회의 목적을 사장과 함께 한 문장으로 정리해 보는 실습시간을 가졌다. 이때 한 팀원이 사장에게 물었다.

"사장님, 주간회의를 통해 사장님이 얻고자 하는 것이 무엇인가요?"

사장은 상기된 표정으로 이렇게 대답했다.

"그런 질문을 받게 되니 너무 고맙네. 나는 월 매출이 정상적으로 달성되고 있는지 현황을 파악 후, 달성되고 있다면 더 올릴 가능성이 있는지 알고 싶어. 그리고 미달하고 있다면 그 대안은 무엇이고 그 대안을 위한 필요자원이 어떤 것인지, 어떤 의사결정이 필요한지 알고 싶어."

이번에는 사장이 그 팀원에게 물었다.

"자네는 주간회의를 통해 얻고자 하는 것이 무엇이지?"

"네. 저는 주간 우선순위를 확인받고 싶고, 지난주 한 일 중에서 잘한 일은 칭찬받고, 잘못한 일은 피드백 받아 제가 지속적으로 성장하는 시간이 되는 것입니다."

지난 몇 년 동안 매주 주간회의를 해왔지만 이렇게 회의의 목적에 대해 상대방에게 진지하게 물어보는 시간이 없었기에 불만족은 서로 쌓여갔던 것이다. 사장입장에서는 의사결정을 제대로 할 수 없는 상태인 기초 데이터의 나열로만 보이는 보고서가 마음에 들지 않았고, 직원입장에서는 결과 수치를 점검하기에 급급한 사장의 모습이 원망스러웠던 것이었다.

나는 참석자들에게 현재의 주간회의가 생산성 있는 주간회의로 바뀌려면 전제되어야 할 것이 세 가지가 있다고 이야기했다. 첫째는 워크숍을 통해 확인한 것처럼 주간회의를 통해 얻고자 하는 것을 확정하고 충분히 공유하는 것이다. 둘째는 주간회의의 고객은 사장과 팀장을 비롯한 팀원, 쌍방이라는 점을 이해하는 것이다. 사장에게는 신속, 정확한 의사결정을 내릴 수 있는 핵심정보가 제공되어야 하고, 팀장과 팀원들에게는 목표를 달성하는 능력을 배우고 필요한 피드백을 받으며 실행력이 성장하는 시간이 되어야 한다. 셋째는 이 목적이 달성될 수 있도록 사전에 각자의 회의 시 역할과 준비할 자료의 수준, 최종 결과물을 협의하여 확정하고 그에 적합한 회의 자료를 제대로 준비하는 것이다.

팀장의 역할

그런데 '주간회의'에 대한 개선점을 찾고자 시작한 워크숍 과정에서 사장은 더 중요한 이슈가 숨어있음을 발견했다고 했다. 숨겨진 이슈는 사장 자신과 팀장들이 팀장의 역할을 제대로 이해하고 있지 않다는 자각이었다. 양측 모두 팀장을 사장의 지시를 팀원들과 함께 실행하는 기능팀의 선임자 정도로 인식했다. 물론 이런 과정이 없을 수는 없지만 계속 그 수준에 머무르는 것은 정말 문제였다는 것을 알았다고 했다.

팀장은 기능팀의 선임자가 아니라 팀 목표 달성을 위해 시간과 자원, 팀원을 경영하여 결과에 책임을 지는 사람이다. 결과를 보고하는 것이 목표가 아니라 결과를 책임지는 것이 목표가 되어야 한다. 그렇기에 주간회의 시간 자체도 팀 목표를 달성하기 위한 기회로 활용해야 한다. 사장의 경험과 지식 그리고 자원까지 활용하여 팀 목표를 달성하려는 자세가 필요하다. 그러려면 주간회의의 주도자는 팀장이 되어야 한다.

결과를 보고하는 자가 아니라 결과를 책임지는 자로 성장한 팀장만이 나중에 돈과 사람을 책임지는 임원의 수준으로 발전하게 된다. 회사의 새로운 성장엔진이 될 수 있는 신규 사업을 개척하거나 업계에 혁신을 선도하는 신규 상품을 개발하는 역할을 맡게 되는 임원들은 팀장 시절부터 사장으로부터 위임받은 시간과 자원의 경영을 이렇게 몸으로 체득하며 자라는 것이다.

현재 당신의 회사 주간회의에서는 누가 가장 많은 이야기를 하고 있는가? 이것이 사람을 키워 성과를 내는 사장이 돌아봐야 할 작은 팁이다.

인재 찾아
군대까지 간 사연

20~30년 전만 하더라도 직원 교육을 많이 하는 회사가 좋은 회사라고 자랑하던 시절이 있었다. 회사마다 연수원을 짓거나 교육팀을 신설하여 교육과정을 만들게 했다. 현장에서 일하는 직원들을 순환식으로 차출해서 직급 교육, 직능 교육, 직책 교육, 리더십 교육 등의 이름으로 엄청난 시간과 자원을 투입했다. 나 또한 그런 혜택을 많이 누린 세대다.

그런데 언젠가부터 이런 방식에 대한 회의적 반응이 일어났다. 교육의 효과가 전혀 없지는 않지만 기대만큼의 인재 성장이나 변화가 일어나지 않는다고 판단되었기 때문이다. 그러면서 처음부터 제대로 된 사람, 적합한 사람을 채용하는 데 대한 관심이 커지고 채용 방식에 고도화가 이루어지기 시작했다. 지금도 서류전형, 1차 면접, 2차 면접 등 3단계의 기본 절차에다 인적성 검사, 합숙 면접, 프로젝트 테스트 등 회사마다 추구하는 인재상에 맞는 적합한 사람을 선별하기 위한 다양한 방식이 개발되어 적용되고 있다. 지원자 본인보다 면접자가 지원자를 더 객관적으로 파악할 수 있는 상황이라고 말을 해도 틀리지 않을 정도다. 더욱이 4차 산업혁명 시대인 요즘은 전문 영역의 인재 확보에 최고경영진들이 직접 발품을 팔며 공을 들이고 있다.

'헌팅'을 하다

적합한 인재를 찾아다니는 것은 대기업 최고경영진만의 일이 아니다. 2004년 봄, 당시 나는 신규 패션 브랜드 책임자로서 코엑스에 50평 정도 직영점을 운영할 숍 매니저를 찾고 있었다. 이미 30여 개 이상 브랜드를 운영하고 있는 패션그룹에 속해 있었지만 내가 맡은 신규 브랜드의 복종(服種:옷의 종류)과 가격대의 시장 진입은 최초이기에 기존 인재 네트워크망에서는 구하기가 어려웠다. 더욱이 해당 복종의 A급 숍 매니저들은 교육기관에서 양성되는 것이 아니라 현장에서 도제처럼 사적으로 길러지고 있기에 그들의 네트워크 속에 들어가지 않으면 후보자를 만나기도 어려웠다. 그래서 선택한 방법 중 하나가 '헌팅'이었다.

'유유상종(類類相從)'이란 고사성어가 있듯이 A급 매니저들은 A급을 서로 알아보고 또한 그들과 관계망을 가지고 있다는 데 착안했다. A급 백화점들에 입점해 영업하고 있는 유사 복종 브랜드 매장을 방문했다. 손님 입장으로 숍 매니저들을 직접 테스트해보면서 A급 매니저로 추정되는 후보들을 물색했다. 결국 마음에 드는 한 명을 선택했고, 퇴근 후에 연락해서 본인을 포함한 여러 후보를 소개받을 수 있었다. 그중 한 명이 코엑스 매장의 숍 매니저가 되었고 현장에서도 좋은 평가를 얻었다.

대대장 막사 안에서 채용 면담을 하다

35개 유통지점을 운영하는 유통사업부에서 신입 관리자들을 채용할 때 일이다. 매년 50여 명 이상의, 입점 업체 관리업무를 위한 신입 사원을 채용해야 했다. 이 관리자들의 기본 업무는 입점해 있는 브랜드들의 영업 관리를 총괄 운영하는 것으로, 지휘 통솔 경험을 가진 직원들이 좋은 성과를 내곤 했다.

그래서 나온 맞춤 채용 아이디어가 장교 출신 후보자들을 일정 비중 채용하는 것이었다. 서류전형과 면접을 통과한 후보자들을 대상으로 그가 근무하고 있는 군부대를 직접 방문하여 지휘관을 비롯한 후보자가 함께 근무했던 동료 장교, 부하, 하사관을 만나 평판 조회 면담을 진행했다. 한번은 강원도 고성에 있는 어느 부대를 방문했는데 때마침 대대 훈련 기간 중이라 훈련 현장을 찾아가게 되었다. 그렇게 해서 생전 처음으로 훈련 중인 대대장 막사 안에서 신입 사원 채용 면접을 위한 면담을 하게 되었다. 훈련 지휘 중이던 대대장도 예상을 깨고 적극적으로 면담에 임해주었다. 그 대대장은 헤어지면서 내게 이렇게 이야기했다.

"이렇게 군부대를 직접 방문하면서까지 회사에 꼭 필요한 인재를 뽑기 위해 달려오시는 것을 보니 잘 모르지만 정말 좋은 회사인 것 같습니다. 제 명예를 걸고 이 장교를 강력히 추천합니다."

인재상에 부합하는 직원 채용하기

채용에 대한 중요성이 더욱 커져가는 현실에 비해 대부분의 작은 회사는 신규 채용에 크게 신경 쓰지 못하고 있다. 중요성을 몰라서라기보다는 여력이 없거나 채용 관련 지식이 부족해서다.

성장통을 겪고 있기에 새로운 역할 수행자가 절실히 필요한 한 중소기업 사장과 고민을 나눈 적이 있다. 그 회사는 생산관리 경력이 있는 글로벌 소싱팀장, 채용과 인사 체계 구축 과업을 맡길 인사팀장, 자체기장 구조로 회계팀을 업그레이드할 회계팀장, 그리고 신규 사업 진출을 위해 사장을 도와 사업설계를 그려가야 할 기획팀장 등 신규 경력 채용부터 실무 팀원들도 보강해야 하는 상황이었다. 그런데 사장 본인이 그와 같은 직무를 경험해본 적이 없기에 어떤 기준으로, 어떤 방식으로 채용해야 할지가 주 논의 대상이었다. 그래서 적합한 인재 채용을 위한 기준 수립과 도구 개발, 제도 개선 등을 함께했다.

먼저 회사 인재상에 기반한 채용 기준을 '태도'와 '실력'이라는 두 가지 영역으로 구분해서 정하도록 했다. 태도 부문은 성품과 일을 대하는 자세 영역이고, 실력 부문은 해당 직무의 역할을 탁월하게 수행할 수 있는 역량의 영역이다. 세운 기준에 맞는 면접 질문을 개발하고, 최종 면접에서 사장은 태도 부문 중심으로, 나는 역량 부문 중심으로 개별적으로 질문하면서 입체적으로 평가를 진행하기로 했다.

도구 개발 부분에서는 '사전 질문지'를 만들었다. 대기업의 경우에는 입사 지원서가 여러 장 기술해야 할 만큼 많지만, 이 경우 간단한 핵심 질문만을 모아 A4용지 한 장 분량으로 만들어서 면접 시간 30분 전에 미리 도착해 작성하게 했다. 또한 지원자를 보다 객관적으로 이해하기 위해 성격 유형이나 커뮤니케이션 스타일 검사 등도 함께 진행하게 했다. 이력서와 사전 질문지, 그리고 몇 가지 객관적인 검사 결과를 가지고 태도와 역량 관련 사전 준비한 질문들로 면접을 진행하면서 채용의 질이 조금씩 좋아짐을 느낄 수 있었다.

제도 개선 부문에서는 두 가지가 추가되었다. 하나는 1차 면접 시 면접관으로 지원자가 일할 팀의 팀장과 핵심 직원들이 면접을 보게 하는 것이었다. 함께 일할 동료를 스스로 뽑는 주체가 되어 보는 경험이 직원들에게 여러 유익함을 주었고, 면접자 또한 함께 일할 동료의 질문 속에서 더 자연스럽게 자신의 이야기를 할 수 있었다.

다른 하나는 '평판 조회'라는 프로세스를 추가하는 것이었다. 1차 면접 합격자에 한해서 그의 동의를 구한 후, 그가 근무했던 전 직장에 지원자의 평판을 알아보는 과정이다. 한 시간의 면접으로 알 수 없는 사항들을 총체적으로 알아보는 방법이다. 작은 시행착오는 있었지만 그 모든 것이 회사의 채용 지식을 쌓아가는 과정이 되었고, 사장 스스로도 사람에 대한 통찰력을 키울 수 있는 계기가 되었다.

완전한 사람도, 완벽한 채용 방법도 없다. 물론 완전한 회사도 없다. 하지만 회사라는 버스에 최적의 사람을 태우면 무엇보다 큰 경쟁력을 창출할 수 있다. 따라서 창의적 채용 방식 개발과 집요한 실행, 그리고 피드백은 계속되어야 한다.

직원을 격려하며
성장시키는 비법

　　　　　　　　　　　　　　　　입사한 지 12년째 되던 해 사업부의 책임자로 임명받았다. 무척 기다리고 기다리던 인사 발표였다. 신입사원으로 입사할 때 10년 후에는 사업부 책임자가 되어 경영자 역할을 꼭 해보리라 다짐하고 달려왔기에 너무도 기쁘고 감사한 소식이었다. 그런데 인사 결정 과정 중 있었던 논의 내용 중 일부를 전해 듣고는 또다른 감사한 마음과 배움의 시간을 갖게 되었다.

　　회사 내에서는 직원의 경력개발을 위해 해당 직원이 라인(line)형인지 스태프(staff)형인지 분류해서 관리하고 있었다. 당시 나는 5년 동안 기획 업무를 맡고 있던 선임 기획자였기에 스태프형에 포함되어 있었다. 사업부 책임자는 라인형 업무에서 성과를 검증받은 후보자 중에서 선별하는 것이 기본이었기에, 스태프형 과장급을 발탁하는 것이 논의 대상이 되었던 것이다. 그런데 그때 인사 결정권자가 이렇게 대답했다고 했다.

"그 친구는 내가 검증했어. 업무상으로는 라인 책임자의 역할 수행의 기회가 없어 보이지만, 비업무 영역에서 라인 책임자의 역량을 검증하는 시간을 가져 봤어. 잘해낼 거야."

그 인사 결정권자가 주목하여 본 것은 그룹 체육대회에서 진행하는 계열사별 응원 대항전이었다. 우리 계열사가 여러 계열사를 제치고 우승을 했는데, 그때 응원전 총 책임자 역할을 내게 맡기고 지켜 본 것이었다. 보통 책임자를 발탁할 때는 리더십 역량을 검증하는 과정이 선행되는데 나도 모르는 사이에 그 테스트가 진행되었던 것이다. 그때를 계기로 나는 경영자 훈련을 집중적으로 받기 시작했고 2년 후, 그때 맡은 사업부에서 성과를 낸 것이 인정받아 차장 승진과 함께 신규 사업부 책임자로 또다시 발탁되는 기회를 얻었다.

사장은 늘 사람이 고프다. 특히 해결사들을 원한다. 그래서 외부에서 큰 비용을 들여 채용해 보지만 그다지 성공률이 높지 않다. 여러 가지 이유가 있겠지만, 그중 하나는 사장이 해당 직원을 직접 성장시키는 과정에서 쌓이는 신뢰와 사장으로부터 전수되는 정신, 그리고 잊지 못할 추억이 없기 때문이다. 이런 과정이 없으면 보통 '결이 다르다'라고 표현하는데, 다른 말로는 조직문화의 DNA가 다르기 때문이다.

그렇기에 사내에서 직원들을 성장시키는 것이 회사를 성장시키는 사장의 핵심 과업 중 하나임을 유념해야 한다. 업무 영역이든 비업무 영역이든 모든 분야에서 사장은 직원들과 상호작용을 하면서 그들을 관찰하고 발탁해야 할 후보들에게 성장의 기회를 제공해야 한다.

인재 양성의 3단계

최근 젊은 나이에 중소기업 임원으로 발탁되어 한 사업부를 책임지고 있는 후배를 만났다. 회사 규모가 작다 보니 역할 수행의 강도가 센만큼 발탁 속도도 빨랐던 것 같았다. 그에게 물었다.

"회사 또는 사장이 네가 잘 성장할 수 있도록 무엇을 했다고 생각하니?"

그는 잠시 생각에 잠기더니 신이 난 얼굴로 이야기해주었다.

> "첫째는 나의 강점을 인정해 주고 그 강점을 업무에 집중할 수 있도록 업무를 전문화시켜주었어요. 둘째는 필요한 역량을 익힐 수 있도록 배울 기회를 제공해 주었고요. 셋째는 맡긴 영역에 책임을 지게 했어요. 어떤 경우에는 저의 잘못된 의사결정으로 발생한 고객 클레임을 해결하는데 적지 않은 금액을 직접 책임지도록 했어요. 넷째는 끊임없이 새로운 도전을 자극했고, 작은 성취에 크게 축하해주었어요. 마지막으로, 믿어주었어요."

사장이 직원의 강점을 알아보고 그에 맞는 재배치를 통해 몰입할 수 있는 환경 만들어 주는 것이 인재 양성의 1단계다. 또한 도전적인 목표로 늘 자극할 뿐만 아니라 그것을 감당하는 데 필요한 역량을 개발할 수 있도록 적시에 배움의 기회를 제공하는 것이 인재 양성의 2단계라고 볼 수 있다. 거기에 자신의 업무에 책임을 지는 법을 온몸으로 배우게 하여 성장의 핵심 요소인 책임 있는 존재가 되게 하는 것, 즉 진지하게 일에 집중할 뿐 아니라 스스로 더 성장해야 할 필요성을 깨닫게 해주는 것이 인재 양성의 3단계다.

1단계	2단계	3단계
강점 재배치	도전 목표 자극	책임자 자리에 발탁
몰입 환경 제공	필요역량 개발 지원	자기 직면 기회제공

이 모든 과정에 틈틈이 그가 달성한 작은 성취를 인정하며 칭찬해주면서 신뢰의 관계를 다지는 것이야말로 직원을 잘 성장시키는 명답이 아니겠는가. 몰라서 못했다면 이제부터라도 하면 된다. 다만 전제조건이 있다. 자신이 먼저 이 과정을 경험하여 그 진가를 맛보아야 한다. 그래야 실전에서 제대로 실행할 수 있다.

결국은 사장의 선택이다

아직도 회상의 여운에서 돌아오지 못한 듯 즐거운 상념에 잠겨 있는 후배에게 나는 또 물었다.

"그럼, 너는 요즘 함께 일하는 직원들에게 주로 무슨 이야기로 성장을 격려하고 있니?"

"저는 네 이름 석 자를 회사에서 이야기하면 딱 떠오르는 무엇이 있어야 한다고 강조해요. 예를 들어 상품개발부 직원이면 딱 떠오르는 히트 상품이 있거나, 영업부 직원이면 딱 떠오르는 탁월한 영업 성과 스토리가 있어야 한다고요."

나는 그 후배에게 잘하고 있다고 칭찬과 격려를 아끼지 않았다. 만남을 뒤로하고 돌아오면서 사장 또는 회사를 통해 스스로 성장을 경험한 리더는 사장이 뭐라고 요구하지 않아도 자기 팀원들을 성장시켜 조직의 성과를 달성케 하는 진정한 경영을 실행하게 된다는 것을 그 후배를 통해 재확인하는 기쁨을 누렸다.

언젠가 60대 중소기업 사장과 30대 후반 중소기업 사장 간의 대화를 전해 들은 적이 있다. 직원들 때문에 깊은 시름에 빠져 있던 젊은 사장이 경험이 많은 선배 사장에게 자문을 구했던 것이다.

"사장님, 직원들에 대해 고민이 많아 잠을 이룰 수가 없어요. 제게 해 주실 말씀이 있으면 듣고 싶습니다."

"그렇군요. 나도 참 고민을 많이 했어요. 노력도 많이 하고, 실망도 많이 했어요. 그러고 나니 선택지가 보이더군요. 나는 성실하지만 야망이 없는 직원들을 주로 뽑아요."

"그런데 저는 말이죠, 음…… 저는 성실하면서도 야망 있는 직원들과 일하고 싶어요."

직원을 성장시켜 그를 통해 회사를 성장시키는 것은 경영의 정도 중 하나다. 그러나 그것이 얼마나 쉽지 않은 길인지를 두 사장의 대화에서 엿볼 수 있다. 쉽지 않은 것이니만큼 그 성공을 경험하고 누리는 사람도 많지 않은 것이다. 용기와 신념이 필요하다. 결국 사장이 내려야만 하는 선택이기 때문이다.

잘 헤어지는 데도
왕도가 있다

몇 달 전 한 사장이 "해고해야 할지 말아야 할지 고민되는 직원이 있어요. 어떻게 해야 할까요?" 하고 물어왔다.

사장의 시간과 에너지를 가장 많이 소모하게 하는 사안 중 하나는 이처럼 '이 사람을 내보내야 하는가?'에 대한 고민일 것이다. 공금을 횡령했거나 동료에게 성적인 해를 입힌 것처럼 재고의 여지가 없는 문제를 일으킨 직원을 놓고 고민하는 사장은 없을 것이다. 사장이 해고를 고민한다는 것은 조금은 다른 사안들이다.

회사가 중요하게 여기는 핵심가치를 따르지 않고 도리어 회사 내부의 불평을 조장하거나 부서 이기주의를 극대화해서 팀워크를 깨뜨리고, 사장의 리더십에도 부정적으로 도전하는 현상이 깊어지는 경우가 대표적인 예다. 이런 문제를 일으키는 사람은 다양하다. 크게는 회사의 새로운 성장동력을 만들기 위해 외부에서 큰 비용을 들여 영입해온 리더급 직원일 수도 있고, 창업 공신으로 십여 년 넘게 동고동락을 해온 오래된 선임 직원일 수도 있다. 작게는 회사의 허리인 대리급이나 자아실현을 하고 싶은 팀장급일 수도 있다.

참 어려운 문제다. 그러나 피할 수 없는 문제고, 반드시 해결해야 하는 문제다. 더욱이 그런 결정을 해야 하는 사람은 사장뿐이다. 그렇기에 더욱 힘들고 어렵다.

에너지 뱀파이어 탑승 금지 - 삼진아웃제

이런 고민을 하는 사장들에게 나는 오래전에 읽었던 책 한 권을 소개한다. 조직에 긍정적인 에너지를 불어넣는 전문가인 존 고든이 지은 《에너지 버스》라는 책이다. 스토리텔링 형식으로 지어졌기에 쉽게 읽히는 책이다.

이 책에서 특히 주목해볼 부분은 '에너지 뱀파이어 탑승 금지' 부분이다. 조직에서 계속 부정적인 태도를 취하면서 함께한 사람들의 에너지를 빨아먹는 사람은 과감하게 조직이라는 버스에서 내리게 하라는 내용이다. 고민을 안겨준 당사자인 직원이 사장뿐만 아니라 회사의 목적을 추구하는 과정에 반복적으로 부정적인 영향력을 끼친다면 명확하게 구체적으로 경고해야 한다는 이야기다. 그런 직원들은 불만을 이야기할 뿐만 아니라 더욱 증폭시킬 가능성이 크기 때문이다. 이것이 가장 무섭다. 그래서 한두 번 정도는 직설적으로 분명하게 경고하고, 그래도 개선되지 않고 반복될 때는 해고를 통지하는 조직을 본 적이 있다. 이를 '삼진아웃제'라고 하는데 현장에서 적용하기 좋은 방안 중 하나라고 생각한다.

그렇다면 직원들은 사장의 이런 고민을 알까? 직원들이 모르는 것 같지만 사실은 다 안다. 다만 내색하지 않으면서 사장이 어떤 결정을 내리는지 기다리는 경우가 다수다. 그래서 경영학에서는 사장의 인사에 대한 의사결정이 직원들의 동기부여에 영향을 미치는 가장 강력한 역할 도구라고 한다. 만약 해고를 고민할 만큼 지속적으로 문제를 일으키는 직원이 있는데 사장이 미적지근하게 반응하면 누구도 조직의 가치를 중요시하지 않게 되어 조직이 위험해진다. 조직의 정예화에 반하는 현상이 더욱 확산될 것이기 때문이다.

그렇다고 사장이 비인격적으로 당사자를 인신공격하거나 공개적 석상에서 모욕을 주게 되면 오히려 조직 문화에 큰 상처를 남기게 된다. 사장은 강자로 보이고 직원은 약자로 보이는 패러다임이 본질을 흐리게 만들어 비인격적인 사장의 언행만 부각되어 보이기 때문이다. 그러므로 해고에 대한 당위성이 높으면 단호하게, 그러나 인격적으로 진행해야 한다. 즉 잘 헤어져야 한다.

어떻게 잘 헤어질 것인가

'어떻게 하는 것이 직원과 잘 헤어지는 것일까?' 이런 질문을 안고 있는 사장들과 학습모임에서 다시 만났다. 각자의 상황을 이야기하다 보니 자연스럽게 내가 생각하고 있는 두 가지 기준을 공유하게 되었다.

첫째, 인사 관련 의사결정 시기를 놓치지 말아야 한다.

나는 의사결정 시기를 놓쳐서 손실을 크게 본 한 회사와 시기를 놓치지 않아 손실은 조금 입었지만 바로 회복의 궤도에 오른 또 다른 회사를 알고 있다.

전자는 사장이 예술 전공 출신이기에 차별화된 콘텐츠만 잘 개발하면 잘될 거라고 생각해 자신은 콘텐츠 개발에만 전념하고 경력이 있는 외부 전문가에게 영업과 운영관리 전체를 맡겼던 경우다. 경영은 자기가 모르는 것이니 아는 사람을 돈 주고 고용하면 문제가 없을 것이라고 안이하게 생각했던 것이다. 이상 징후들이 없지는 않았지만 3년 동안이나 의사결정을 미루다 회사가 안팎으로 무너지는 경험을 하게 되었다. 결국 그 외부 전문가를 내보내고 회사를 수습하는 데 수년이 걸렸고, 그 여파로 수년 동안 남은 빚을 갚아야 했다.

후자는 제2의 도약을 위한 신규 사업을 위해 외부 전문가 그룹을 일시에 채용해서 공격적인 경영을 시도하려 했던 경우다. 사장이 생각하는 기업의 미래 청사진을 실현할 수 있는 역량과 경력을 가지고 있다고 생각되어 전폭적인 지지를 쏟았던 것이다. 그런데 몇 개월도 안 되어 회사의 핵심가치를 위배하는 언행을 일삼고, 기존 직원들과 심각한 갈등을 일으키는 등 내부갈등을 고조시키는 일들이 자주 발생했다. 사장은 새 조직 구축 비용과 신규 사업 준비에 들어간 투자금액을 아까워하지 않고 해당 외부팀 전원을 즉시 내보냈다. 그 후 1년 동안 회복을 위한 무척 힘겨운 시간을 보냈지만 정상 궤도에 다시 서는 데는 많은 시간이 필요하지 않았다.

둘째, 당사자와 사장이 직접 명확하게 소통해야 한다.

직접 소통하지 않아 오해가 깊어져서 잘못 헤어진 경우가 생각보다 많다. 어느 회사나 창업 공신들이 있다. 사장 못지않게 회사의 성장을 위해 헌신과 희생을 많이 했던 사람들이다. 작은 회사일수록 그들의 입김은 아주 크다.

사장은 회사의 지속적인 성장을 위해 역량 있는 인재를 선발해서 일하려 한다. 그런데 이 과정에서 창업 공신 중 일부가 선발 대상에서 빠지는 경우가 발생한다. 회사 전체적으로 보면 아무 이상이 없지만 당사자인 그에게는 큰 위기이며, 또한 감정적으로 아주 불안한 상태가 된다. 사장 본인 또한 사적인 감정과 공적인 판단이 뒤섞여 그 당사자를 대면하여 인사 결정 배경과 내용을 이야기하는 데 어려움을 겪는다. 그러다 보니 결정적인 시간이 지나가게 되고 그 당사자는 사장이 아닌 다른 사람들로부터 이런저런 가짜뉴스를 듣게 된다.

그 때문에 수긍할 만한 객관적인 사실은 땅에 묻히고, 편애에 대한 오해와 시기로 긴장관계는 고조되며 조직에 파벌이 생기기도 한다. 예상치 못한 작은 오해가 더 큰 오해를 불러와 종국에는 사장과 그 당사자는 최악의 관계로 치닫는다. 그 과정에서 직원들도 상처를 입고, 조직문화에 좋지 않은 흔적을 남긴다.

그 어떤 상황에서도 사장은 그 당사자와 직접, 그리고 명확하게 소통해야 한다. 그동안의 수고에 대한 인정과 감사를 전하고, 그 당사자에게 그동안 주었던 도전의 기회들과 정기적으로 이루어졌던 피드백들을 상기시켜주어야 한다. 그리고 지금은 아니지만 이런저런 역량이 성장하면 새로운 도전 기회를 주겠다고 정확히 소통해야 한다.

이런 제안을 받아들이는 이에게는 정기적으로 관심 어린 미팅과 소통을 지속하면서 함께 기회를 모색하면 된다. 다만 어떤 이유로든 이를 받아들이지 못해 회사를 떠나려고 한다면 회사가 감당할 수 있는 선에서, 그리고 회사 내규에서 소화할 수 있는 선에서 위로금을 챙겨주면 좋다. 그리고 회사에 어려움을 끼치지 않는 범위 내에서 스스로 독립할 수 있거나 이직을 잘할 수 있도록 배려해 주는 것을 잊지 말아야 한다.

누구나 '잘 헤어지기'를 원하지만 이는 생각만큼 쉽지 않다. 따라서 직원들 누구나 공감할 수 있는 인사 결정 원칙을 사전에 정해놓고 평상시 공유하고 있어야 한다. 이 또한 누구에게 맡길 수 없는, 사람을 통해 성과를 내는 사장의 주요한 과업 중 하나다.

5장

조직 스스로 생산성을 높이게 하라

사장은 조직의 생산성을 높이기 위해 내부와 외부의 환경 분석을 통한 전략을 수립해야 하고, 이때 조직이 그 전략을 실행할 수 있는 조직인가를 재점검해부는 과정을 동반해야 한다. 이것은 사장만이 할 수 있는, 그리고 반드시 해야 하는 과업이다.

선택의 근육량이
회사의 성장을 가져온다

"알파벳 'B'와 'D' 사이에는 'C'가 있습니다. 인생을 놓고 보면 '탄생(birth)'과 '죽음(death)' 사이에 무엇이 있을까요?"

'시간과 목표관리' 강의를 할 때 자주 사용하는 첫 질문 중 하나다. 답은 '선택(choice)'이다. 우리 인생은 죽을 때까지 '선택'의 연속에 있다. 그 선택의 결과들이 자신의 인생이 된다.

선택은 또한 성장을 가져오는 유일한 통로다. 어린아이가 넘어지더라도 한 걸음 내딛기를 선택하는 순간 그는 성장한다. 사장 또한 그 자리에 이르기까지 수많은 선택을 경험했을 것이다.

직장을 오래 다닌 사람과 작은 규모라도 직접 회사나 사업장을 운영하는 사장과의 차이는 이 '선택' 근육량의 차이가 아닐까 한다. 직장인들은 대개 상사 또는 회사의 지시를 받고 일한다. 즉 선택은 회사 또는 상사가 하고, 자신은 실행에 집중하는 경우가 많다. 그래서 선택으로 인한 스트레스는 크지 않지만 소중한 성장의 기회를 놓치게 된다. 대기업일수록 실수를 용납하지 않는 조직문화가 많고, 또 대체할 수 있는 인력들이 많기에 직원들은 늘 몸조심을 하려고 한다.

반면에 사장은 그와 반대다. 사장이 하는 대부분의 일은 '의사결정'이다. 그래서 사장은 의사결정으로 성과를 낸다고 단언하기도 한다.

'기업 이론' 활용하기

매년 새해를 앞두고 사장은 '내년에는 무엇을 해야 하나?' 하는 고민에 빠진다. 즉 핵심 해결과제가 무엇인지를 생각하게 된다. 이것저것 떠오르는 것은 너무 많은데 대체 어디서부터 시작하는 것이 맞는지 감을 잡을 수 없는 경우가 많다. 이런 고민을 안고 있는 사장과 만나 제안한 것이 있다.

"올 한 해, 또는 최근 수년간 늘 '해결해야 하는데, 해결해야 하는데' 하며 벼르면서도 급한 일에 쫓기어 미루고 미루던 일이 있다면 그것을 우선 해결해야 합니다."

회사의 상황을 가장 잘 아는 사장이 늘 마음속에 품었던 바로 그 과제가 우선 해결해야 하는 핵심과제일 경우가 많다. 긴급해 보이지는 않지만 정말 중요한 일이기 때문이다.

피터 드러커는 '기업 이론'을 두고 모든 경영자가 자신의 기업에 반드시 갖추어야 하는 이론이라고 말해 왔다. 그리고 무엇보다 정기적으로 점검해야 할 주요 과제임도 강조했다. '기업 이론'은 세 가지 질문으로 구성되어 있는데, 첫째는 현재 기업 환경에 대한 질문, 둘째는 기업의 사명에 대한 질문, 셋째는 사명 달성을 위한 핵심역량에 대한 질문이다.

문정엽 저자가 쓴 《피터 드러커 경영수업》이란 책에 기술된 관련 내용을 옮겨보면 다음과 같다.

> 여기서 기업 환경에 대한 질문은 시장과 고객에 대한 분석과 앞으로의 변화를 읽는 것, 그리고 기회와 위협을 판단하고 집중해야 할 영역을 선별하고 성공을 위한 조건을 탐색하는 일이다. 두 번째 질문은 기업의 존재 의의를 생각하고 궁극적으로 실현하려는 기업의 지향점과 목표를 찾는 것이다. 마지막 질문은 사명을 달성하기 위해 꼭 필요한 능력은 무엇이며 어떻게 얼마나 필요한지를 묻는 것이다.

경영자가 올바른 목표를 세울 때 스스로에게 던져보아야 할 세 가지 핵심질문이다. 나는 여기서 자기 회사의 내년 전략적 핵심 해결과제를 찾아보라고 권한다. 새로운 시장 확보를 위한 다른 기업과의 '전략적 제휴'일수도 있고, '차기 성장엔진 개발'일 수도 있다. 그리고 이 과정에서 기존의 '비즈니스 모델'을 재점검해볼 것도 권한다.

'비즈니스 모델' 활용하기

알렉산더 오스터왈더와 예스 피그누어가 쓴 《비즈니스 모델의 탄생》이라는 책은 '비즈니스 모델'에 대해 다음과 같이 기술하고 있다.

비즈니스 모델이란, 하나의 조직이 어떻게 가치를 포착하고 창조하고 전파하는지, 그 방법을 논리적으로 설명한 것이다.

이 책에는 비즈니스 모델을 구성하는 아홉 가지 요소가 나오는데, 상세한 내용은 다음과 같다.

- 고객 세분화 : 우리의 가장 중요한 고객은 누구인가?
- 가치제안 : 고객에게 어떤 가치를 제공할 것인가?
- 채널 : 각각의 핵심고객들은 어떤 채널을 통해 그 가치를 제공받고 싶어하는가?
- 고객관계 : 각각의 핵심고객들은 어떤 방식의 고객관계가 만들어지고 유지되기를 바라는가?
- 수익원 : 고객들은 현재 무엇을 위해 돈을 지불하고 있으며 어떻게 지불하고 있는가?
- 핵심자원 : 우리의 가치제안은 어떤 핵심자원을 필요로 하는가?
- 핵심활동 : 우리의 가치제안은 어떤 핵심활동을 필요로 하는가?
- 핵심 파트너십 : 누가 핵심 파트너인가?
- 비용구조 : 우리의 비즈니스 모델이 안고 가야 하는 가장 중요한 비용은 무엇인가?

이 요소들 하나하나를 사장이 제대로 이해한 후, 자기 회사의 비즈니스 모델을 그려보게 한다. 이것을 그리다 보면 자기 회사를 보다 객관적으로 더 잘 이해하게 되고, 성장을 위한 변화가 우선적으로 필요한 부분이 어디인지 발견하게 된다. 그리고 기업 이론의 세 가지 질문과 연계해서 살펴보면 핵심 해결과제를 도출하는 데 매우 유익하다.

나의 제안을 받아들인 사장은 '비즈니스 모델'을 보다 더 잘 이해하려고 함께 관련 세미나에도 참석하는 열의를 보였다. 그 과정에서 어떤 해는 핵심 해결과제명을 '성과지향 조직문화 구축'이라고 정했고, 다른 해에는 '콘텐츠 품질 향상'이라 정했으며 또 다른 해에는 '신성장 동력 개발'이라고 정했다.

한 해의 핵심 해결과제를 정한다는 것은 연간 목표를 정하다는 것과 맥을 같이 한다. 조직의 생산성을 높이려 할 때 사장이 해야 하는 핵심과업 중 하나다. 쉽지 않은 과제지만 분명 큰 효과를 가져다준다.

상황에 맞게 회사의 옷을
갈아입어야 한다

어린 딸이 엄마에게 물었다.

"엄마, 왜 생선을 구울 때 머리 부분과 꼬리 부분을 자르고 구워요?"

"응, 할머니께서 늘 생선 구울 땐 머리와 꼬리를 자르고 구우셨거든."

그래서 그녀는 할머니를 방문해 다시 물었다.

"할머니, 왜 생선을 구울 때 머리와 꼬리를 자르고 굽나요?"

"그건 말이야, 옛날에는 고기 굽는 화로가 작아서 머리와 꼬리 부분을 잘라야 전체를 구울 수 있었거든."

어떤 장애물로 말미암아 생겨난 업무 방식이 그 장애물이 사라진 상황에서도 자연스럽게 유지되는 모습을 단적으로 보여주는 이야기다. 이것을 관성의 법칙이라고 해야 할까.

회사를 경영할 때도 이런 관성을 여기저기서 볼 수 있다. 대표적인 것 중 하나가 조직화이다. 보통 창업을 한 경우는 창업 멤버 중심으로 회사가 운영되다 보니 자연스럽게 그들을 중심으로 조직이 구성된다. 즉 선임이 책임자가 되는 것이 너무나 자연스럽다. 그래서 사장을 비롯한 선임들은 1인 다역을 맡게 된다. 그렇게 열심히 일하다 보면 회사가 성장하게 되고, 또 운이 좋아서 급성장을 하면 어느 시점에서 큰 부하를 느끼게 된다. 드디어 일하는 방식에 변화가 필요한 시점이 온 것이다.

그런데 대부분의 사장은 기존의 방식을 더 밀어붙이려는 유혹에 사로잡힌다. 여기에는 크게 두 가지 이유가 있다. 첫째는 기존 방식으로 지금까지 잘 성장해왔고 성공 노하우도 많이 쌓였다고 자부하기 때문이고, 둘째는 다른 방식을 잠시 생각해보더라도 결국 시급한 현안들에 밀려서 원점으로 돌아가는 경우가 많기 때문이다.

이렇게 원점으로 돌아가게 되는 가장 큰 원인은 기존에 중요한 역할을 담당했던 선임들을 중심으로 조직을 생각하는 구태의연한 사고방식이다. 변화된 내외부 상황에 맞게 새로운 옷을 입어야 하는데 옛날에 즐겨 입었던 옷에 미련을 두고 새로운 변화를 주도해 나가지 못하는 것이다.

통합과 분산, 어떻게 할 것인가?

생산관리를 담당하던 시절 이야기다. 당시 다니던 회사는 여덟 개의 패션 브랜드를 운영하는 패션 중견기업이었는데, 브랜드마다 생산부를 두고 있었다. 생산부 안에는 점퍼, 바지, 셔츠 등을 생산하는 우븐팀과 스웨터를 담당하는 스웨터팀, 그리고 폴로티와 러닝셔츠류를 생산관리하는 니트팀이 있었다. 즉 브랜드마다 세 개의 팀을 운영하고 있었다.

생산관리에 있어서 성과지표는 크게 세 가지가 있다. 첫째는 품질, 둘째는 원가, 셋째는 납기다. 다시 말해 최저원가로 고품질의 제품을 정확한 입고 시기에 맞게 생산해 내야 일을 잘하는 것이다. 그런데 이 세 가지를 동시에 개선해 나가기가 만만치 않다.

원가를 낮추려면 생산 주문량이 많을수록 좋다. 한 거래처에 많은 양을 생산 의뢰하면 생산원가를 낮출 수 있기 때문이다. 그런데 여덟 개 브랜드로 나뉜 생산팀들은 각자 주거래처를 두고 일한다. 자기 브랜드 물량을 최우선적으로 원하는 시기에 생산해주기를 바라기 때문이다. 그렇게 해야 생산에 소요되는 일정도 단축되고 원하는 입고 시기에 맞추어 생산할 수 있다.

정리해보면 여덟 개 브랜드 물량을 통합하면 거래처에 대량 오더를 넣으면서 원가를 낮출 수 있는 반면, 브랜드별로 생산을 진행하다 보니 후반에 생산을 진행하게 되는 브랜드는 최적의 입고 시기를 확보할 수 없는 문제가 발생하는 것이다.

회사를 경영할 때 이런 모순적 상황을 자주 맞이한다. 그래서 의사결정을 하는 사장이 조직의 생산성을 올리는 핵심 과업 중 하나가 바로 조직화다. 당시 내가 몸담고 있던 회사의 최고경영자는 이런 문제를 놓고 어떻게 의사결정을 했을까 궁금하지 않은가?

그는 외부 변화에 민감하게 대처하기 위해 분산과 통합을 정기적으로 반복했다. 즉 경쟁시장에서 '원가 우위'가 절대적으로 필요한 시기라 판단될 때는 여덟 개 브랜드에 나뉘어 있던 생산팀을 생산 총괄이라는 통합팀으로 불러들였다. 그래서 여덟 개의 우븐팀을 한두 개의 통합 우븐팀으로 합치는 것이다. 그렇게 생산 주문량을 대폭 늘려 거래처와 생산원가 협상에서 유리한 위치를 확보함으로써 '원가 우위'를 실현했다.

또한 해외 생산을 개척하게 해서 혁신적인 원가 절감에 도전하게 했다. 이 과정에서 최고의 베테랑들이 통합조직의 팀장을 맡아 팀원들의 역량을 끌어올림으로써 전문성을 향상시키고 생산 품질도 함께 올라가게 되었다. 더욱이 여덟 개 브랜드에서 아이템별로 생산관리를 담당하던 다수의 직원을 통합 조직화하면서 남는 직원들로 그동안 여력이 없어 해결하지 못한 묵은 문제들을 해결할 프로젝트팀을 만들어 몰입하도록 했고, 일부는 경력 설계에 따라 다른 부서로 이동시켰다.

그리고 어느 정도 시간이 지나 목표했던 전문화와 원가 경쟁력을 확보한 다음에는 새로운 환경 분석에 따른 '조직 재설계'를 진행했다. 통합 조직으로 운영하다 보면 통합팀의 생산성을 높이기 위해 브랜드별 차별화와 원하는 시점에 맞는 입고를 실행할 수 없다. 그래서 '스피드'와 '차별화'를 목표로 다시 브랜드별로 생산팀을 분산했다.

이렇게 '통합'과 '분산'을 내외부 환경 변화에 따라, 그리고 조직 내부 역량 강화의 필요성에 따라 '조직 재설계'란 이름으로 유연하게 진행했다. 이런 능동적인 조직화 작업은 이후 디자인팀, 생산팀, 구매팀, 기획팀 등 기능별 중심 조직에서 점퍼팀, 바지팀, 스웨터팀, 니트팀 등 아이템별 중심 조직으로 재설계해서 진행하기도 했다.

아이템별 중심 조직은 점퍼 생산과 관련된 디자이너, 구매 담당, 생산 담당, 기획자를 한 팀으로 묶어서 일하게 하고, 그에 따른 성과를 팀 단위로 평가하는 방식을 말한다. 팀의 효율성을 극대화해서 '차별화'와 '스피드'를 동시에 혁신하기 위해서였다. 어느 방식도 영원한 정답은 아니기에 명확한 목적에 따라 유연하게 의사결정을 해나가야 한다.

전략 방향에 따른 재조직화

성장통을 앓고 있다고 내게 도움을 요청한 어느 중소기업의 경우도 조직 재설계를 통해 조직의 생산성을 높이게 되었다. 해당 회사 사장과 함께 성장을 위해 도출한 결론은 '전문화를 통한 품질 높이기'였다. 10여 년 넘게 일해오던 기존 조직을 무시하고 전문화를 추구할 수밖에 없는 새로운 조직을 제로 베이스(zero base)에서 다시 그려보기로 했다.

이 과정을 통해 전국 아홉 개 지사를 중심으로 한 기존의 출강관리 시스템을 바꾸어 본사에 출강관리본부를 신설하여 본부장을 세워 집중하게 했다. 또 아홉 개 지사에서 분담하고 있는 교육 도구 생산과 수선 역시 본사에 신설한 생산관리 본부에서 '품질'과 '원가' 그리고 '납기'에 대한 목표관리를 전담하게 했다.

기존에는 사장이 창업 멤버 중 한 사람인 선임자를 통해 직접 아홉 개 지사장과 이 모든 것을 소통했지만, 이제는 두 본부장에게 합의된 예산 안에서 책임과 권한을 주고 책임 경영을 하게 했다. 조직 재설계를 진행할 때 새로운 인건비를 투자하고 기존에 리더십을 가지고 있던 선임자와의 관계를 조정하며 어느 정도 어려움은 있었지만, 충분한 배경 설명과 명확한 현실 직시를 공유하면서 장기적인 비전을 나누며 풀어낼 수 있었다.

이처럼 사장은 조직의 생산성을 높이기 위해 2~3년 간격으로 내부와 외부의 환경 분석을 통한 전략을 수립해야 하고, 이때 조직이 그 전략을 실행할 수 있는 조직인가를 재점검해보는 과정을 동반해야 한다. 이것은 사장만이 할 수 있는, 그리고 반드시 해야 하는 과업이다.

직원의 월급은
사장이 주지 않는다

직장인 대상 교육에서 꼭 다루는 질문 중 하나가 바로 "월급은 누가 주나요?" 하는 것이다. 답이 당연해 보이는 이 질문을 다루는 이유는 다른 답이 있음을 알게 해주고 싶기 때문이다. 이 질문을 통해 나는 '직장인 마인드'에서 '경영자 마인드'를 갖추는 새로운 성장의 시기를 맞이했다.

대학 졸업식을 3개월 앞둔 1991년 11월, 나는 신입 사원이 되었다. 당시 입사한 회사의 채용 홍보물에는 '30년 평생직장'이란 문구가 눈에 띄게 적혀 있었다. '이 회사에 들어가서 열심히 일하면 30년을 다닐 수 있겠구나. 그리고 30년 동안 직장 다니며 잘 준비하면 은퇴 이후를 특별히 걱정하지 않아도 되겠지' 하는 막연한 기대감을 안고 나름 성실하게 일했다. 회사도 계속 성장했고 급여가 많지는 않았지만 매월 25일에 차질없이 입금되었다. 당연히 월급은 사장이 주는 것이라 생각했다.

그러다 6년 정도 지났을 때 IMF 경제 위기를 맞았다. 내가 속한 회사는 다섯 개 패션 브랜드를 운영하고 있었는데 1년 사이에 한 브랜드만 남기고 네 개 브랜드를 정리했다. 그 과정에 직원은 131명에서 21명만 남았다. 고참 선배들과 신입 후배들 중심으로 퇴사가 이루어졌고, 6~8년 차 중심의 팀장들과 대체 불가한 일부 인원만 남았다. 물론 바로 이렇게 구조조정이 이루어진 것은 아니다. 초반에는 순환 휴직이라고 해서 한 달씩 무급으로 쉬기도 했고, 3개월씩 급여를 미뤄 받기도 했다. 구조조정을 최대한 막아보려고 애를 썼지만 역부족이었다. 지금 생각해도 무척이나 가슴 아픈 기억들이 마음속 깊이 남아 있다.

월급은 사장이 주지 않는다

그때 알았다. 사장이 월급을 주는 것이 아니란 것을. 회사가 어려워지면 사장도 직원들에게 월급을 줄 수 없었다. 회사를 다닌다고 월급을 받을 수 있는 것도 아니었다. 그 회사가 제공한 가치에 만족한 고객이 없다면 월급은 받을 수 없었다.

일을 했다고 무조건 월급을 받을 수 있는 것도 아니었다. 내가 가치를 창출하는 일을 해야만 월급을 받을 수 있었다. 회사를 다니고 있지만 직장인이란 이름 뒤에 숨을 수도 없었다. 나는 직장 안에서 1인 기업가처럼 경영자로 살아야 했다. 내 월급은 내 고객이 주는 것이었다. 그래서 나 스스로 고객에게 가치를 제공하지 않으면 급여는 없는 것이다.

나의 고객은 누구인가?

1인 기업가처럼 직장생활을 하려고 하니 그 전에 몇 가지 질문에 먼저 답을 해야 했다.

"나의 고객은 누구인가?"

"고객의 필요(needs)와 바람(wants)은 무엇인가?"

"내가 고객에게 제공하는 가치는 무엇인가?"

"내가 제공하는 상품과 서비스는 무엇인가?"

다니던 회사는 IMF 사태를 극복해내는 과정에서 얻은 교훈으로 '지식경영(knowledge management)'이란 경영정책을 전사적으로 실시했다. 이 과정에서 모든 직원은 위의 질문들을 자신의 직무에서 풀어내야 했다.

물론 회사는 여러 가지 교육과 도구들을 제공했다. 디자인, 기획, 영업, 생산은 말할 것도 없고 인사, 재무, 물류, CS팀에 이르기까지 예외는 없었다. 그리고 이 과정에서 팀 단위와 개인별 과업과 성과 목표를 도출했다. 자신의 고객을 정의하고 그들이 원하는 것을 제공하는 가치창출이 자신의 과업이 되는 것이고, 그 바람직한 결과물이 성과 목표가 되는 것이다. 말은 쉽지만 엄청난 시행착오와 오해가 발생했다. 그러나 방향이 틀리지 않았기에 회사는 일관성 있게 밀고 나갔다.

지속적인 교육과 평가 그리고 피드백을 통해 결국 지식경영의 열매들이 이곳저곳에서 맺혀지기 시작했고, 그 성공사례들은 전 직원들 대상으로 공유, 확산되었다. 수년 후, 회사는 지식경영의 열매를 혁신적인 성장으로 확인할 수 있었다.

그 과정을 거쳐온 직원들은 어떻게 되었을까?

지식경영의 파도를 주도적으로 탔던 사람들과 계속 피하려고 했던 사람들 간의 격차가 계속 커져가는 것을 나중에 인사실장을 하면서 확인할 수 있었다. 그래서 나는 후배들에게 "월급 받으며 MBA하라"고 한다. '1인 기업가 정신'으로 직장생활을 하라는 말이다.

역할 찾기

경영자문으로 일하던 시기에 전사적인 생산성 향상을 원하는 한 회사 사장과 함께 이 지식경영정책을 그 회사에 적용해보기로 했다. 다만 내가 일했던 기업과는 회사 규모와 시스템, 조직문화를 비롯해 직원들 자체가 다르기에 많은 주의를 필요로 했다. 우리가 원했던 그림은 직원이 누군가가 시키는 일을 행하는 것이 아니라 스스로가 스스로에게 일을 시켜서 하게 하는 것이었다. 그래서 찾은 프로젝트 이름이 '역할 찾기'다.

"나는 조직에 어떤 공헌을 하는 사람인가?"
"나의 고객은 누구며 그의 어떤 필요를 채워주는 사람인가?"
"그 결과물은 어떤 것이어야 하는가?"

이 과정을 통해 자신과 자기 팀의 역할을 정의해보고 그해에 자신과 팀이 공헌할 성과목표를 정하도록 했다. 처음 시작할 때는 쉬울 것처럼 보였지만, 막상 현업을 놓고 토의하다 보니 어려움이 많았다. 개인별로 하나의 역할을 도출하려고 보니 겸직하고 있는 사람의 경우는 우선순위를 정해주거나 업무 재조정 작업이 추가되었다.

역할 정의 후 성과목표를 정하는 데도 난관이 있었다. 성과지표를 무엇으로 해야 하는지부터 목푯값을 선정하는 기준을 무엇으로 해야 하는지 등 계속되는 질문과 토의가 필요했다.

힘든 과정이 계속되었지만 이런 시간을 통해 누군가가 시키는 일을 하는 사람이 아니라 자기가 어떤 역할을 맡은 사람인지 명확히 알게 되었고, 그 역할을 잘 수행하기 위해 주도적으로 무엇을 해야 하는지 고민하는 계기를 마련해 주었다. 피드백에서도 이 과정이 가장 유익했다는 의견이 많았다.

1년 후 이 역할찾기는 목표관리 체제로 업그레이드되었고 평가와 피드백을 포함한 성과관리 체계로 자리를 잡게 되었다. 함께했던 사장은 역할찾기 프로젝트로 시작된 이 과정을 통해 크게 두 가지 유익을 얻었다고 했다.

첫째로 1인 다역의 형태에서 개인별 고유의 영역이 생기고, 그것에 몰입할 수 있는 구조가 만들어졌다. 둘째로 업무가 기능 위주에서 성과 위주로 변경되었다. 직원들이 평가와 피드백을 통해 좋은 결과를 얻기 위한 활동을 많이 하게 된 것이다.

"월급은 누가 주나요?"

"당신의 고객은 누구인가요?"

"당신의 역할은?"

이 질문들이 회사와 직원 모두에게 성장의 기회를 가져오게 한다. 하지만 이는 충분한 이해를 돕는 대화와 집요한 실행을 병행할 때 가능하다. 이것이 성장을 모티브로 일을 잘 시키는 비법이다.

건강한 성장은
질적 전진에서 나온다

일본에 있는 한 농촌을 배경으로 한 '태풍에도 살아남은 사과 이야기'를 들어본 적이 있는가. 1991년 가을, 일본 아오모리현에 불어닥친 강한 태풍 속에서 다른 사과 농장에서는 큰 피해를 입었지만 기무라 아키노리 씨가 재배하던 사과나무는 든든히 버텼고, 사과 열매 또한 떨어지지 않았다는 이야기다. '썩지 않는 사과'로도 여러 번 방송 매체를 탔고《기적의 사과》란 제목으로 출간도 되었다. 그 책의 저자 소개란을 보면 다음과 같이 소개되어 있다.

생명농법의 창시자 후쿠오카 마사노부의《자연농법》을 읽고 '아무것도 하지 않는 농법'을 사과 재배에 실천한다. 모두가 불가능하다고 했던, 누구도 시도하지 않은 도전이었다. 도전의 대가는 혹독했다. 밤낮으로 들끓는 해충과 씨름하고, 누렇게 말라 죽어 가는 사과나무를 돌보아야 했다. 가난 때문에 죽음의 문턱까지 갔을 때, "나무만 보고 흙은 보지 못했다"는 섬광 같은 깨달음을 얻어, 불가능해 보였던 도전을 완성한다. 10여 년간 사과나무는 농약과 비료에 의존하지 않는 야생의 힘을 스스로 회복하여, 현대 문명의 발달 이래 존재하지 않았던 지금껏 인류가 먹어 보지 못한 야생의 사과를 선물했다.

나는 기회 있을 때마다 사장들에게 이 책을 추천한다. '나무만 보고 흙을 보지 못했다'라는 기무라 씨의 통찰을 회사 경영에 적용하도록 권하기 위해서다. '질을 높여 양을 늘려라'는 경영 콘셉트를 강조하고 싶은 것이다.

건강한 성장을 계속하는 회사의 모습이란 어떠해야 하는가

우리 둘째가 아홉 살이던 어느 5월, 너무 기뻐서 썼다는 일기를 본 적이 있다. 그 내용은 다음과 같다.

2008년 5월 3일 화요일 날씨 맑음

제목: 갑작스럽지만 기쁜 일

기적이 일어났다.

아빠가 11시에 오신 것이다.

또 그런 일이 있었으면 좋겠다.

기분이 정~~~~~~~~~~말 좋다.

아빠는 아빠가 슈퍼맨이라고 했다.

그런데 그건 거짓말인 것 같다.

일기 속 11시는 밤 11시를 말한다. 당시 나는 새벽 5시 반에 나가서 자정이 넘어 들어오는 일상을 살고 있었다. 세상일은 혼자 다 하는 듯했다. 하루는 회사에 큰 프로젝트가 걸려서 비상이라고 했더니 아내는 이렇게 말했다. 당신은 직장생활 처음부터 늘 비상이라고 했다고.

할 말이 없었다. 하지만 내 눈에는 모든 동료가 그래 보였다. 당시 다니던 회사가 일이 많기는 했다. 더욱이 성장을 계속하다 보니 15년 차가 넘는 나에게도 계속 도전적인 과제가 주어졌다. 어떻게 보면 감사한 일이라고 생각했다. 회사가 성장을 멈출 뿐 아니라 구조조정을 할 수밖에 없는 어려운 상황을 맞이하면 어떤 일이 벌어지는지를 10년 전, IMF 경제위기 때 온몸으로 느꼈기 때문이다. 그렇다고 다른 사람들에게도 나처럼 직장생활을 하라고 권하고 싶지는 않다. 장기적으로 바람직하지 않기 때문이다.

그렇다면 중소기업 현장은 어떨까? 당시의 나보다 더 오래 일하는 곳도 있을 것이고, 반대로 칼퇴근 자체가 이미 정례화되어 있는 곳도 있을 것이다. 사장의 경영철학과 운영 방침에 따라 다르니 말이다.

작은 규모의 기업일수록 회사의 자원이 부족해 노동의 양을 늘려 대처해야 하는 부분이 많다. 1인 다역의 역할은 사장만이 아니라 모든 직원에게 주어진 의무일 때가 많다. 사람을 더 뽑는다고 해결되는 문제가 아니다. 뽑은 신입 직원들이 일을 잘하도록 관리하는 데 추가 에너지가 더 소진되기 때문이다.

게다가 시스템이나 회사가 보유하고 있는 지식이 많지 않아 작은 것 하나 처리하는 데도 시간을 많이 잡아먹는다. 그러다 보니 충성도 높은 직원일수록 야근에 주말 근무가 자연스럽게 이어지는 경우가 많다. 양을 늘려 양을 늘리는 것이다. 여기서 핵심은 '건강한 성장을 계속하고 있는 회사 현장은 어떠해야 하는가'다.

질을 높여 양을 늘려라

"이번 BP 페스티벌 행사 콘셉트가 뭐예요?"

"이번 콘셉트는 칸 영화제 시상식입니다. 레드 카펫이 포인트입니다. 하하하."

한 중소기업에서 전 직원을 대상으로 분기 성과를 발표하는 현장 속 행사 사회자들의 멘트 중 일부다. 이 회사는 분기별로 전 직원들이 자신의 업무 영역에서 올린 성과 또는 성공사례를 BP(Best Practice)라고 호칭하며 지식화해서 발표한다. 예선 과정을 사전에 거친 후 본선 과정에 오른 열 명 이내의 후보들이 자신의 BP를 전 직원 앞에서 발표하는 것이다. 좋은 사례를 전 직원과 공유하면서 도전도 받게 하고, 우수자에겐 명예와 포상을 주는 시간을 제공하기 위해서다. 행사 후에는 예약한 좋은 곳에서 전 직원이 회식하며 모두가 즐길 수 있는 축제의 날이다.

이 제도를 도입해서 열린 첫 페스티벌에서 최우수상을 수상한 주인공은 입사한 지 채 1년이 안 된 여직원이었다. 그녀는 몇 년 동안 반복되던 짜증나는 영업 행정 업무를 맡게 된 후, 나름 힘든 시간을 이겨내고 마음을 다잡아 이전 방식을 버리고 새로운 양식 도구들을 스스로 개발해서 근본적인 문제를 해결했다. 그녀의 1등 소감은 다음과 같았다.

> "아름다운 날입니다. 저의 짜증은 의외의 결과를 가져왔습니다. 처음으로 진행된 BP 페스티벌에서 본선까지 진출하고, 어쩌다 보니 1등까지 하게 되었습니다. 많이 힘들었던 시간이 스쳐 지나갑니다. (울컥) 힘들어도 잘 넘기고자 했던 것이 저의 성과가 되었고, 그것을 인정받으니 참으로 좋습니다. 제가 보낸 시간이 헛되지 않았구나, 그리고 앞으로 더 잘할 수 있다는 자신감을 주었습니다. 크나큰 힘과 다독임이 됩니다. 앞으로도 새로운 영역에서 반복적인 짜증을 낳는 문제들을 다시 겪지 않도록 계속해서 개선해 나가겠습니다. 감사합니다."

일터에서 사람이 아름다워 보이는 소중한 장면 중 하나다. 이 감동 뒤에는 '양'을 늘려 문제를 해결하기보다는 '질'을 높여 문제를 해결하려는 사장의 깊은 의도가 있었다. 그래서 분기별 행사를 넘어 연 단위 행사로 확장하여 모든 직원이 연말에는 '1인 1스토리'를 발표하도록 했다. 1년 동안 회사를 다니면서 자신이 도전한 업무 영역에서 장애물을 돌파하고 도출한 자신만의 성과를 소개하는 행사였다.

물론 부담스러워하는 직원들도 있었다. 하지만 이는 페널티를 주기 위해서가 아니라 직원 한 사람 한 사람이 자신의 성과 작품 만들기를 지원하고 격려하는 장으로 만들기 위해서였다. 또한 이러한 취지를 충분히 공유하는 일에도 힘을 쓰면서 차별화된 성과중심 조직문화를 만들어가는 데 기여했다.

매년 우수사례들은 신년 출정식 때 전 직원 앞에서 발표하며 포상하고, 나머지는 모두 모아서 책으로 편집해서 직원들과 공유하면서 회사의 재무적 성과는 매년 성장하고 있었다. 건강한 성장을 계속하는 회사는 이처럼 '양'이 아닌 '질'을 높여 결과적으로 '양'을 늘리는 전사적 질적 전진을 체질화하는 회사가 아닐까.

6장

성과관리로 직원을
춤추게 하라

'우리 직원들이 왜 이렇게 일을 하지?'라며 답답해하는 경우가 생기는 이유는 사장과 직원 생각하는 '일'에 대한 개념이 다르기 때문이다. 그러다 보니 사장과 직원 사이에 '일하는 방식'에 큰 차이가 생긴다.

일을 새롭게
정의하게 하라

"직원들을 제대로 일하게 하려면
어떻게 해야 할까요?"

사장들에게서 가장 많이 듣는 질문 중 하나다. '인사(人事)가 만사(萬
事)'라는 말이 있듯이 업종과 규모를 떠나, 심지어 비영리 조직에서도 가
장 큰 이슈 중 하나다. 직원이 사장 또는 대표 자신처럼 일해주기를 원하
지만 대부분 그렇지 못하기에 경영학에서 '인사조직' 분야가 따로 발달하
게 된 것이 아닐까 생각된다. 그렇다고 '인사조직론'을 배웠다 해서 해결
되는 문제도 아니기에 영원한 숙제가 되어 버렸다.

이런 고민을 안고 있는 한 회사 대표로부터 몇 회에 걸친 직원 교육
을 요청받았다. 규모는 크지 않지만 안정된 사업모델을 가지고 있는 회
사로 직원은 십여 명 정도였다. 교육에 앞서 직원들을 소개받는 시간을

가졌는데 한 직원이 자신을 이렇게 소개했다.

"저는 입사한 지 몇 개월 안 됩니다. 회사에서 이것저것 잡다한 일을 합니다."

전혀 예상치 못한 자기소개에 잠시 당황한 나는 그의 눈을 똑바로 바라보며 다시 물었다.

"어떤 일을 하고 있는지 구체적으로 이야기해 줄 수 있나요?"

그는 의욕이 하나도 없어 보이는 목소리로 대답했다.

"각종 내역서나 필요한 서류를 정리하고 세금계산서도 처리하고요, 그리고 이곳저곳에서 요청하는 일들을 뒷바라지하고 있어요. 컴퓨터, 프린터 관련 소모품도 구입하고요."

들어보니 회계 관련 보조 업무와 총무 관련 업무를 겸하여 일하고 있었다. 규모가 작은 회사에서는 보통 신입 막내들에게 이런 역할을 시킨다. 그런데 그에게 그 일들은 '잡다한 일'로 인식되어 있었고, 그러다 보니 자신의 존재감도 '잡무를 처리하는 사람'이었던 것이다. 이런 낮은 존재감을 가진 직원이 스스로 일을 제대로, 잘할 수 있을까? 불가능하다. 그런데 이런 문제를 안고 있는 것이 과연 그 신입 사원뿐일까.

일의 개념이 다른 사장과 직원

직장인들은 대부분 '일'을 '해치워야 하는 항목(to do list)'으로 인식한다. 필자도 처음 직장생활을 할 때 선배로부터 해야 할 일을 부여받았다. '정해진 일'이었고 '정해진 방법'이 있었다. 그래서 그에 맞추어 실행하고 숙달하기만 하면 되었다. 실수 없이 정해진 시간 안에 마치면 일을 잘한다고 여겼다.

그런데 팀장 역할을 맡게 되면서 새로운 국면을 맞았다. 기존의 일하는 방식으로는 좋은 결과를 얻을 수 없었다. 팀원들도 다 자기만의 개성과 고집이 있어서 원하는 대로 움직이지도 않고, 해결해야 할 과제들도 기존의 정해진 방법들로 쉽게 해결되는 것이 아니었다. 좌충우돌의 시간을 반복하며 보내다가 일에 대해 새롭게 인식하게 되었다. 바로 '일이란 목표를 달성하기 위한 경영이다'라는 점이었다.

특히 내가 몸담고 있는 비즈니스 조직에서는 목표가 '고객가치를 창출하는 것'인 만큼 고객 또는 고객가치가 없는 일은 일이 아니었다. 다시 말해서 자신의 '일'을 정의할 때 '자신의 고객이 누구인지, 그에게 무슨 가치를 제공하는 것인지'를 놓쳐버리면 그에게 있어서 일은 퇴근 전까지 해치워야 하는 항목이거나 '오늘 아니면 내일 하지 뭐'라며 미루어 버리게 되는 목록이 된다. '일이 곧 경영'이라는 것을 배우지 못한 직장인들은 이 패러다임에서 벗어나기가 힘들다.

그런데 사장은 다르다. 사장에게 있어서 일은 처음부터 고객에게서 출발한다. 어떤 고객의, 어떤 문제를 해결해줄지가 창업의 시작점이니 얼마나 많이 생각하고 또 생각했겠는가. 더욱이 사업을 하는 사장에게 있어서 일은 결과로 드러나야 한다. 즉 '돈'이 되어야 한다. 결국 '바람직한 결과' 또는 '돈'으로 귀결되지 않는 것은 일이 아니거나 일을 잘못한 것이다. 왜냐하면 만족한 고객이 존재해야만 돈이 들어오기 때문이다.

'우리 직원들이 왜 이렇게 일을 하지?'라며 답답해하는 경우가 생기는 이유는 이렇게 사장과 직원이 생각하는 '일'에 대한 개념이 다르기 때문이다. 그러다 보니 사장과 직원 사이에 '일하는 방식'에 큰 차이가 생기는 것이다.

어떻게 해결하면 좋을까?

자신의 업무가 '잡다한 일'이라고 설명한 그 직원과 별도의 시간을 가졌다. 나는 그에게 다시 물었다.

> "지금 하고 있는 일이 만족스럽지 않나 보지요?"
>
> "네. 그래요."
>
> "그러면 특별히 하고 싶거나 잘할 수 있는 일이 있나요?"
>
> "아직 잘 모르겠어요."
>
> "특별히 회사 내에서 뚜렷한 비전이 아직 없다면, 지금 하고 있는 일을 정말 제대로 잘했을 때 어떤 변화가 있을 수 있는지 좋은 사례가 있는데 들어보실래요?"
>
> "네."

조금은 퉁명스럽게 대답하는 그에게 두 가지 사례를 들려주었다. 첫 번째는 '비용 절감 컨설턴트'에 대한 소개였다. 고객사의 비용 절감을 컨설팅해서 절감된 비용의 일부를 수수료로 받는 직종으로 불황기에 수요가 점점 더 커지고 있다는 사례를 소개했다. 특히 중소기업에서 총무 관련 일을 하는 직원들에게 개인 비전으로 꼭 추천하고 싶은 것 중 하나라고 강조했다.

두 번째는 이전 직장 후배 중 한 명의 사례였다. 함께 근무할 당시 그가 맡은 일은 '비용 절감'이었다. 그는 사업부의 전략기획실 소속으로 편성되었지만, 실제 하는 일은 기존 연간비용을 줄이는 것이었고 팀원도 없이 혼자 일했다. 마른 수건을 계속 비틀어 짜온 지도 수년이 지난 상황이라 더 줄일 비용도 없어 보이는 터에 비용을 줄이려면 관련 부서 사람들에게 욕을 얻어먹을 확률이 높아 최악의 비인기 직무였던 것이다.

그런 그가 수년이 지난 지금은 수조 규모의 그룹에 속한 자회사들의 소모성 자재의 구매, 관리 및 컨설팅 업무를 담당하는 MRO(maintenance, repair and operation) 사업부의 대표이사가 되어 있다. 몇 년 동안 비용 항목들을 들여다보면서 경영의 맥을 이해하게 되었고, 집요함을 기르면서 사업가의 근성을 배웠던 것이다.

사례 소개를 마친 후, 그에게 잡다한 일이라 생각되는 현재 하는 일들을 A4 용지에 적어보라고 했다. 그리고 각각의 일이 어떤 고객에게 어떤 가치를 제공하는지 구체적으로 적어보라고 했다. 처음 해보는 것이라서 뭐부터 적어야 할지 모르는 그에게 회계 관련 보조 업무의 고객은 정확한 회계 정보를 가지고 중요한 경영 의사결정을 하는 사장이며, 제공해야 할 고객가치는 누락 없는 정확한 회계 관련 자료가 적시에 제공되는 것이라고 적어보게 했다. 총무 관련 업무의 고객은 1차적으로 적시에 적합한 사무용품과 업무 서비스를 제공 받는 직원들이고, 2차적으로는 지속적으로 비용절감을 기대하는 사장이며, 기여하는 고객가치는 직원들에겐 적시제공이며 사장에게 비용절감이라고 적어보게 했다. 처음에 잡다한 일로 보이던 것이 이렇게 적어보니 그에게 새롭게 느껴졌는지 얼굴이 조금 밝아졌다.

일이란 '고객에게 원하는 가치를 제공하는 것'이라는 개념을 그가 얼마나 이해하고 소화했는지는 시간이 좀 지나봐야 알겠지만 이것은 그 신입 사원뿐만 아니라 그 회사 모든 직원과 나누고 싶은 이야기였다.

"직원들을 제대로 일하게 하려면 어떻게 해야 할까요?"란 질문을 다음과 같이 바꾸어보면 어떨까?

"직원들이 일을 잘하고 싶어지게 만들려면 어떻게 해야 할까요?"

직원 개개인이 일을 잘하고 싶어지게 만드는 일의 시작은 자기가 맡은 일이 어떤 가치를 가지는지 제대로, 충분히 이해하게 하는 것이다. 그리고 자신의 성장이 그 일을 제대로 잘하는 데서 온다는 사실을 스스로 느낄 수 있도록 도와야 한다. 그래야만 직원은 회사가 추진하는 성과관리 제도가 자신의 성장을 지원하는 긍정적인 도구임을 깨닫게 된다. 이때야말로 과업과 성과목표 수립으로 시작되는 성과관리가 효과를 발휘하는 순간이다.

과업과 성과목표를
세워라

'내년 출정식에 발표할 '3대 과업'
과 '3대 성과목표'를 ○월 ○일 ○시까지 제출해주십시오.'

연 매출 50억 원 규모 정도의 사업부를 맡고 있던 과장 시절, 전략기획실에서 보내온 이메일 내용이다. 당시 다니던 회사는 전사적 생산성 혁신을 강조하고 있었는데 그 경영 도구로 모든 직원에게 과업과 성과목표를 수립하게 했다.

사업부를 책임지고 있는 경영자들에게는 '3대 과업'과 '3대 성과목표'를 강조했다. 과업을 정할 때는 세 가지 콘셉트로 잡게 했는데, 첫째는 양적 성장, 둘째는 질적 성장, 그리고 셋째는 인재 양성이었다. 경영자를 이 세 가지 역할을 하는 자로 정의했기 때문이다. 이 방식은 매년 이루어졌고 덕분에 나 역시 일에 몰입하게 하는 좋은 도구임을 몸소 체험했다.

그래서 회사에 성과관리를 도입하려는 사장들에게 나는 이 방법을 시도해보라고 추천한다.

당신의 과업은 무엇인가?

이런 나의 추천을 적극적으로 받아들여서 자신의 회사에 적용하려고 한 사장이 있었다. 이 회사는 교육 콘텐츠를 개발해서 학원이나 교습소에 교육 프로그램을 제공하는 회사인데 교육 회사라서 그런지 사장의 배우고자 하는 열정이 하늘을 찔렀다.

제일 먼저 내가 예전에 했던 것처럼 사장의 3대 과업과 3대 성과목표를 정해보는 시간을 가졌다. 지난 5년 동안의 회사 운영에 대해 솔직하게 돌아보면서 양적 성장, 질적 성장, 그리고 인재 양성에 대해 바라는 모습을 그려 보게 했다.

처음에는 쉽지 않아서 꽤 많은 시간을 보냈지만 결국 초안을 완성해냈다. 양적 성장 부문의 과업은 기존 사업 확장, 성과목표는 전년 대비 30% 성장으로 정했고, 질적 성장 부문의 과업은 성과관리 체계 구축, 성과목표로는 전 직원이 1인 1 돌파 스토리(한계를 돌파해서 성과목표를 달성한 사례)를 갖게 하기로 정했다. 마지막으로 인재 양성 부문의 과업은 전사적 역량 개발, 성과목표는 개별 도전 목표 달성으로 정했다. 그는 그냥 머릿속에 떠다니던 바람들을 '3대 과업'과 '3대 성과목표'로 정리해서 적어 놓고 보니, 정말 초점이 더 명확해지고 어느 것부터 해결해야 할지가 막 떠오른다고 좋아했다.

그다음은 팀별로 과업을 정의해보는 시간을 가졌다. 작업을 진행하다 보니 역할과 과업이라는 개념을 혼란스러워해서 '팀이 회사에 존재하는 이유'는 역할이라고 정의하고, 한 해 동안 그 역할을 가장 잘 수행하기 위해 '완수해야 하는 그 무엇'을 과업이라고 정했다.

예를 들어 연구소팀의 역할은 '차별화된 브랜드 콘텐츠 연구 개발하기'이고, 과업은 '정규 프로그램 개선과 신규 콘텐츠 개발'로 정했다. 홍보팀의 역할은 '가맹 문의 늘리기'이고, 과업은 '홍보 콘텐츠 개발'로, 신규 개설팀의 역할은 '상담을 통한 계약 성사시키기'고, 과업은 '상담 수와 계약률 높이기'로 정했다. 이렇게 영업관리팀, 생산팀 그리고 물류팀과 경영지원팀도 각자의 '역할'과 '과업'을 찾았다.

이 과정이 쉬운 것 같으면서도 어려웠던 가장 큰 이유는 일의 개념이 분명하지 않아 고객 관점으로 자신의 일을 재해석하는 것이 익숙하지 않아서였다.

노력과 성과는 다를 수 있다

과업을 정리하고 나서는 성과목표에 대해서 이야기했다. 여기서 중요한 것은 '노력'과 '성과'가 다를 수 있다는 것을 직원들에게 이해시키는 것이었다. 노력을 많이 했다고 무조건 좋은 성과가 나오는 것이 아님을 알아야 한다. 목표한 방향이 잘못되었거나 일하는 방식이 잘못되었다면 오히려 자신이 투자한 수많은 노력이 오히려 회사의 비용을 증가시키는 원치 않는 결과를 낳는다는 사실을 상기시켜야 한다.

성과는 목표여야 한다. 다시 말해 그 일을 시작하게 된 바람직한 결과여야 한다. 그리고 측정 가능해야 한다. 그래서 수치가 나오도록 정의해야 한다. 물론 정성적 성과목표도 있을 수 있다. 그것 또한 잘했는지 못했는지 평가할 수 있는 측정 기준을 정해두어야 한다.

'정규 프로그램 개선과 신규 콘텐츠 개발'을 과업으로 정한 연구소팀은 '개선 건수 월 몇 개', '신규 개발 건수 월 몇 개'로 정하고, '홍보 콘텐츠 개발'을 과업으로 정한 홍보팀 경우는 'SNS 채널별 일별 개발 건수 몇 개'와 '가맹 상담 문의 수 월 몇 개'로 정했다. '상담 수와 계약률 높이기'를 과업으로 정한 신규 개설팀 경우는 '상담 수 월 몇 개'와 '계약성사율 월 몇 퍼센트'로 정했다. 다른 팀들도 이와 같은 방식으로 결과가 목적에 맞고 또한 월별로 측정할 수 있도록 기준을 정했다. 물론 이 모든 과정에 사장이 함께하면서 회사가 연간 지향하는 방향성과 목표 수위를 함께 논의했다.

한편 직원들과는 또 다른 시간을 가졌다. 평생직장이란 개념이 이미 사라진 오늘날, 지금 몸담고 있는 회사를 계속 다니면서도 떨쳐버릴 수 없는 큰 고민이 있음을 알기 때문이다. 직원들은 상담 과정에서 다음과 같은 질문을 던져왔다.

"내가 열심히 일해서 목표를 달성하면 회사만 좋아지지 특별히 내가 나아지는 건 없잖아요. 몸만 축나는 건 아닐까요?"
"이렇게 한다고 해서 회사가 내 미래를 보장해주는 건 아니잖아요."
"언제까지 이 회사를 다녀야 할까요?"

나름 이유가 있는 고민들이다. 한편으로 직원들을 회사 성장의 도구로만 생각하는 바람직하지 않은 사례들이 주변에 많기 때문에 더욱 불안감이 커진 것일 수도 있다.

그렇게 말하는 사람들에게 필자는 이렇게 되묻는다.

"그럼 언제까지 직장생활을 할 수 있을 것 같나요? 요즘 40대 후반이나 50대이면 대부분 회사를 나와야 하는 상황이잖아요."

"언젠가는 독립된 주체가 되어야 하잖아요. 그때 가장 필요한 것이 무엇이라고 생각하나요?"

그때 가장 필요한 것은 어떤 고객들의 어떤 문제나 필요를 해결해줄 수 있는 개인의 역량이라는 점을 강조했다. 그런데 이는 대학원이나 학원에서가 아니라 비즈니스 현장, 즉 직장에서만 배울 수 있다. 그것도 월급을 받으면서 말이다.

그래서 직원 각자의 한 해 개인별 성장 목표(도전 목표) 또한 주도적으로 잡을 수 있게 했다. 이를 사장과 충분히 공유하면서 사장도 직원들을 더 깊이 있게 이해하게 되었고, 직원을 성장시켜 그를 통해 성과를 내는 사장의 역할을 제대로 시작하게 되었다.

류랑도 저자가 쓴 《하이퍼포머》란 책이 있다. 필자도 오래전 직장 선배로부터 추천받아서 읽게 되었는데, 이 책에선 '일이란 시간과 자원의 경영'이라고 소개하고 있다. 너무나 적절한 표현이다. 그래서 교육을 가는 회사마다 이 책을 추천한다. 이유는 단 하나, 일이 경영이라는 개념을 직원들에게 일깨우고 싶기 때문이다.

사장에게 가장 강력한 자원은 직원들이다. 직원들과 함께 과업과 성과를 정의하는 일이 쉽지만은 않다. 그러나 '일이 경영'임을 마음속 깊이 깨닫게 되면 사장과 직원들의 생산성은 동시에 크게 올라간다. 바로 이 과정이 그 첫걸음이라는 사실을 잊지 말아야 한다.

평가 피드백을
이용하라

누구에게나 고교 시절의 재미있
는 추억이 있듯이 내게는 지금 생각해도 너무나 부끄러운 추억이 하나
있다. 철없는 행동을 해서 엄청 많이 맞았던 기억이다. 그것도 반 전체가
한꺼번에 맞았다. 지금 시대에는 상상할 수도 없는 일이지만 나의 고교
시절에는 선생님들이 필요에 따라 학생들을 체벌했다. 당시에는 "이놈
의 자식, 매를 대서라도 철 좀 들게 해주세요"라고 부모들이 선생님에게
부탁할 정도였다.

때는 고등학교 2학년. 당시 담임 선생님은 '진사'라는 별명을 가진 고
전을 가르치시는 국어 선생님이었다. 별명에서 느껴지다시피 예의와 도
리를 너무도 강조하시던 분이었다. 그런데 첫 학기 때 치른 첫 번째 시험
에서 같은 반 학생들이 대부분 성적을 잘 받지 못했다. 그러자 모두들 부

모님에게 야단맞을 걱정이 앞섰고, 곧바로 엉뚱한 발상을 해냈다.

'담임 선생님도 담임 맡은 지 얼마 안 되었으니까 집 주소를 바꾸어 보내도 아무도 모를 것이다'란 계산을 한 것이다. 그 시절에는 성적표를 우편으로 발송했기 때문에 각자 흰 봉투에 자신의 집 주소와 부모 이름을 적어서 담임 선생님께 제출했다. 꾀를 낸 우리는 자기 봉투에 친구네 집 주소를 적고, 그 밑에 자신의 부모 이름을 적어서 냈다. 반 전체가 작당해서 말이다.

그날 종례시간, 모두 운동장 집합을 당했다. 담임 선생님은 무척 화가 난 상태로 봉걸레를 뽑아 오셨다. 반 친구 전체가 '엎드려뻗쳐' 상태로 얼마나 맞았는지 모른다. 부모 이름을 팔아먹은 나쁜 놈들이라고 죽도록 맞았다. 지금 생각해도 부끄러운 추억이지만, 좋은 담임 선생님이 계셔서 그때 정신을 제대로 차릴 수 있었다.

피드백, 사람을 성장시키는 유일한 방법

당시 나와 반 친구들은 '시험', '평가'와 같은 것들을 좋아하지 않았다. 시험이 자신을 성장시키는 도구이자 과정임을 미처 깨닫지 못하고 야단맞는 결과만을 걱정했기 때문이다.

회사를 다니고 있는 많은 직장인에게도 마찬가지다. '성과평가'란 단어를 들으면 왠지 부정적인 느낌을 받는다. 책임 추궁이 따라올 것이라 생각하기 때문이다. 실제로 많은 회사의 평가회 분위기가 그렇기도 하다.

그런데 만약 평가회가 책임추궁이나 야단을 맞는 시간이 아니라 '성장을 위해 반드시 필요한 피드백을 얻는 시간'으로 변한다면 어떨까. 경영학의 구루인 피터 드러커는 이렇게 단언한다.

"사람을 성장시키는 유일한 방법은 피드백이다."

기대와 결과를 규칙적으로 비교하여 더 잘할 방법을 찾게 하는 피드백은 '해야 할 것'과 '하지 말아야 할 것'을 알게 해주므로 특히 성인을 성장시키는 유일한 방법이라고 강조했다.

나의 첫 직장에서는 미 육군에서 사용하던 피드백 시스템을 변형해서 만든 AAR(After Action Review)이란 간단한 도구를 가지고 전 직원들이 피드백의 효과를 경험하게 했다. 나 또한 중소기업 현장에서 이 피드백 도구를 활용하여 직원들이 성취와 성장을 경험하도록 도왔는데 실제 성공사례가 많았다. AAR에 대해서는 전 직장 후배인 김경민 저자가 쓴 《피드백》이란 책에 자세히 소개되어 있다. 경영자문이나 교육을 하러 가는 회사에 언제나 추천해서 읽게 하는 도서 중 하나다. 여기서는 간단하게 AAR의 다섯 가지 질문을 소개하려고 한다.

질문1. 얻고자 한 것은 무엇인가?

질문2. 얻은 것은 무엇인가?

질문3. 차이와 그 원인은 무엇인가?

질문4. 해야 할 것은 무엇인가?

질문5. 하지 말아야 할 것은 무엇인가?

이 다섯 가지 질문은 간단하면서도 명쾌하다. 그런데 막상 업무에 적용해 들어가면 그리 만만치가 않다.

사장이라면 누구나 이와 유사한 질문을 24시간 늘 마음에 품고 다닌다. 그런데 함께하는 직원들은 다르다. 이 질문을 가지고 매월 평가 피드백 시간을 가져본 조직과 그렇지 않은 조직은 많이 다르다. 이런 피드백 시간을 정기적으로 가지는 조직은 결과 지향적이고 목표 지향적인 사고방식에 많은 성장이 있었다. 당연히 회사 성과 달성은 물론 직원들의 업무 생산성이 올라갔다.

그러나 좋은 경영 도구라도 어떤 철학을 가지고 어떻게 사용하느냐에 따라 결과가 다르게 나타난다. 직원들을 과거보다 더 쪼아서 성과를 짜내려고 이 도구를 사용하면 역효과가 나기도 한다. 단기적으로는 도움이 될지 모르지만, 직원들이 이것을 자신을 괴롭히는 도구로 인식하게 되어 터부시하게 되기 때문이다.

앞에서 소개한 부끄러운 고교 시절 추억처럼 평가 피드백 시간이 책임 추궁을 받는 장으로 변질되는 것에 주의해야 한다. 잘못했으면 야단을 맞는 것이 당연하고 유익한 것이다. 그러나 마녀사냥처럼 옥박지르는 분위기가 반복되면 원치 않는 결과를 낳게 된다. 회사에서 진행하는 평가회 시간을 통해 직원들이 스스로 성장과 성취를 경험하게 된다면 놀라운 일이 벌어질 것이다.

'평가 피드백' 시간 운영 지침 5가지

그러면 '평가 피드백' 시간을 어떻게 운영해야 할까? 지난 경험에서 내가 나름대로 정리한 다섯 가지를 제안하고 싶다.

첫 번째는 평가자인 사장이 올바른 평가 철학을 가져야 한다. 내가 존경하는 전 직장의 최고경영자는 경영자가 직원을 성장시켜 성과를 내게 할 때 마음 깊이 품을 세 가지 기준이 있다고 했다.

> 첫째는 '독립'이다. 경영자는 직원이 자기 역할을 다하도록 독립시키려는 목적을 품어야 한다.
> 둘째는 '추월'이다. 직원이 사장을 능가하는 것을 목표로 품을 수 있도록 해야 한다.
> 셋째는 '기여'다. 직원이 사회에서 존경받는 사람이 되게 하는 것을 목적으로 가져야 한다.

이는 부모가 자녀를 기르면서 품는 기대와 결을 같이한다. 이런 마음가짐은 '성장'에 '기다림'이 전제함을 인식하고 있음을 의미한다. 기대와 인내가 성장의 자양분임을 다시 한 번 기억해야 한다.

두 번째는 평가 피드백 대상을 팀 단위로 할지 개인별 단위로 할지를 정해야 한다. 회사 규모나 조직 구성의 특징에 따라 정하면 된다. 보통 매출 규모가 그리 크지 않고 업무 성격상 겸직이 많은 상황에서는 개인별보다는 팀별 평가 피드백을 권한다. 물론 팀 내에서 개인별 공헌 또는 기여에 대한 피드백은 이루어지도록 설계해야 한다. 특히 개인의 성장을 위한 목표가 포함되도록 설계하기를 권한다. 팀 단위로 할 경우, 사전에 팀별 과업과 성과목표가 경영자와 합의 과정을 거쳐 정해져 있어야 한다. 연간 목표뿐 아니라 월간 측정이 가능하도록 월간 목표가 정의되어 있어야 한다.

세 번째는 평가회에 사용할 평가 보고서 양식을 미리 정하고, 사전에 팀별로 AAR의 방식을 활용해서 자체 평가 미팅을 진행하게 한다. 그리고 그 결과를 평가 보고서에 작성해서 평가회 이틀 전에 경영자에게 제출토록 한다. 경영자가 미리 보고 평가 피드백 시 소통할 포인트를 미리 살펴보기 위함이다. 이 평가 보고서에는 크게 네 가지 영역이 기록되게 한다.

- '팀 과업과 성과목표', '실적과 차이 분석', 그리고 반드시 해야 할 것과 하지 말아야 것
- 경영자가 반드시 알아야 할 정보 공유, 경고 등 의사결정 시 참고 사항
- 팀원별 공헌 또는 기여에 대한 피드백
- 경영자에게 지원 요청할 사항

네 번째는 정기적으로 구분된 시간을 확보해야 한다. 매월 하루, 지난 한 달을 결산하는 '평가 피드백의 날'을 정해 진행하는 것을 추천한다. 이날은 직원들이 평가 피드백을 통해 지난 시간을 충분히 돌아보고, 반성과 학습을 통해 통찰을 배우며 또한 수고하고 잘한 것에 대해 격려받는 시간이 되게 해야 한다.

다섯 번째는 피드백의 초점을 어디에 두는가와 관련된 문제다. 피드

백은 목표 달성 여부보다는 목표 달성 능력을 향상시키는 데 두어야 한다. 달성 이유 또는 미달성 이유에 대한 본질을 정확히 이해하게 하고, 팀 또는 개인의 차원에서 어떤 행동을 계속하고 어떤 행동을 버려야 하는지를 정확히 짚어내어 적용하는 데 초점을 두어야 한다.

직원 개인별 피드백을 나눌 때는 '태도 또는 의지'와 '능력'이라는 두 영역에서 어떤 부분이 부족해서 목표를 미달하고 있는지를 스스로 진단할 수 있는 좋은 질문들을 던져주는 것도 반드시 필요하다. 핵심은 '현실 직시'와 '자기 직면'을 통해 성장판을 찾게 하고 자극하는 것이다.

평가 피드백 시간의 성숙도가 그 회사의 성과 중심 경영 역량을 대변한다. 이것은 인간에 대한 깊은 이해력을 기반으로 하기에 정답은 없다. 다만 핵심 원리는 있다. 이 원리들을 잘 이해하고, 자기 회사에 맞게 설계해서 꾸준히 실행해 나가고 정기적으로 개선하는 것이 지름길이라 생각한다.

보상과 포상을
지혜롭게 활용하라

성과관리에 따른 보상제도에 대해 궁금증이 많던 어느 중소기업 대표와 다음과 같은 대화를 나눈 적이 있다.

"결과에 대한 적절한 보상제도는 어떻게 하면 좋을까요?"

"현재는 어떤 것들이 있나요?"

"지금까지는 특별한 것이 없었어요. 올해부터 성과관리를 진행하려고 하는데, 여기에 필요할 것 같아서요."

"그렇군요. 혹시 생각하고 계신 것들이 있나요?"

"특별히 생각한 것은 없고, 한 해 목표를 달성한 직원에게 어느 정도의 돈을 격려 차원에서 주어서 다음 해에도 더 열심히 일하도록 하게 하고 싶어요. 물론 목표를 미달성해서 보상을 못 받는 직원들은 오히려 자극을 받아 더욱 도전적으로 일하게 하고 싶고요. 그런데 어느 정도 주어야 할지를 모르겠어요."

이 물음에 "이렇게 하면 됩니다"라고 정해진 답을 주기는 쉽지 않다. 그래서 필자가 오랜 직장생활과 중소기업 경영자문으로 경험했던 사례를 중심으로 참고할 만한 내용을 다음과 같이 소개해주었다.

세 가지 동기부여 시스템

먼저 보상제도를 고민할 때 기업에서 활용하고 있는 동기부여 시스템에는 어떤 것들이 있는지를 입체적으로 살펴볼 필요가 있다. 보상제도로 해결하고 싶었던 목적을 반드시 보상제도로만 해결하지 않고 다른 방법으로도 해결할 수 있기 때문이다. 주된 동기부여 시스템에는 '보상', '포상', '승진' 세 가지가 있다.

'보상'이란 기본 연봉 말고 재무적 실적에 근거해서 추가로 돈을 지급하는 것을 말한다. '포상'이란 회사에서 추구하는 인재상에 모범이 되거나 회사에 공헌하여 업적을 세운 경우 돈이 아닌 명예나 상품 또는 배움의 기회를 제공하는 것이다. '승진'은 모두가 알고 있듯이 능력을 인정받아 현재보다는 높은 권한과 책임을 맡는 직급으로 올라가는 것이다. 여기에는 연봉 인상이 동반되므로 경제적 혜택 또한 동시에 제공된다.

이 세 가지는 모두 대상자가 회사로부터 자신의 공헌과 기여에 대해 공식적으로 인정받았다는 사실을 인식하게 하여 맡은 일의 즐거움을 극대화시키고 조직에 대한 몰입도를 높여준다.

이 세 가지 동기부여 시스템 중에서 '보상'과 '포상'에 대해 좀 더 자세히 살펴보겠다.

보상, 어떻게 하면 좋을까?

먼저 '보상'에 대해 이야기해보자. 창업해서 안정된 궤도에 오르기까지 회사는 직원들에게 정해진 월급을 문제없이 지급할 수 있는 것을 우선 보상의 목표로 삼는다.

어느 정도 수준으로 성장하게 되면 회사 전체 목표를 달성했을 때 '경영 성과급'이란 이름으로 전체 직원에게 기본 연봉 외에 성과급을 주는 회사가 생긴다. '직원 한 사람당 100만 원'처럼 전 직원에게 동일한 금액을 지급할 수도 있고, 한 달 급여에 해당하는 금액을 개인별로 다르게 지급하는 경우도 있다. 한 달 급여에 해당하는 금액을 보통 '성과급 100퍼센트'라고 지칭하곤 한다. 물론 회사 사정에 따라 월 급여의 50퍼센트로 시작할 수도 있다.

규모가 커지면서 개인별 성과에 따른 '개인 인센티브'와 '경영 성과급'을 병행해서 진행하기도 한다. 이런 경우는 주로 대기업에서 많이 진행하는데 개인별 성과목표 달성에 중점을 두어 성과 중심 조직문화 확산에 속도를 올리려는 것이다.

성과 연봉제의 장단점

IMF 사태 이전 내가 다니던 회사의 임금제도는 호봉제였다. 실적에 따라 추가로 돈을 주는 보상제도는 없었다. 호봉제는 근무 연수와 직급을 기준으로 호봉표에 따라 임금을 지급하는 제도다.

그런데 IMF 사태 이후 성과주의가 강조되면서 성과 연봉제로 바뀌었다. 보상제도가 도입된 것이다. 성과 연봉제란 직원들의 업무 능력 및 성과를 등급별로 평가해 임금에 차등을 두는 임금제도다. 기본 연봉에다 개인 성과 평가 등급에 따라 성과급이 차별적으로 더해져서 최종지급 연봉이 되는 것이다. 그래서 처음에 동일한 연봉으로 시작한 입사 동기라 하더라도 수년이 지나면 능력과 실적에 따라 큰 차이를 보이게 된다.

호봉제나 성과 연봉제 모두를 경험한 입장에서 보니, 장단점이 명확히 보였다. 호봉제 시절에는 근속 연수에 따라 급여가 올랐기 때문에 안정감이 있었다. 특히 동료들 간에 경쟁하기보다는 함께 협력하는 조직문화가 자연스러웠다. 그러나 구성원들이 자신의 성과에 몰입하는 정도는 성과 연봉제 시절보다 상대적으로 약했다. 성과가 나든 나지 않든 시간이 지나면 호봉이 올라 급여가 오르기 때문이다.

반면 성과 연봉제는 성과에 따라 급여가 달라지기 때문에 자신의 성과에 대한 관심이 높아졌다. 단기적으로는 조직 전체가 성과에 집중하는 긍정적인 효과가 있었으나, 시간이 지날수록 자신의 성과 평가와 무관한 일에는 무관심해지고 동료들을 협업의 대상으로 보기보다는 경쟁의 대상으로 여겨 자연스럽게 조직 안정감은 떨어지게 되었다. 또한 성과의 본질보다 성과 평가 기준에 대한 객관성과 적합성에 대한 의문에 집착하게 되는 바람직하지 못한 현상들도 발생하곤 했다.

이렇듯 어떤 임금제도나 보상제도를 선택하든 장단점은 존재한다.

따라서 현재 자신의 회사에 필요한 우선순위가 무엇인지를 분별해서 회사의 필요와 맞는 쪽으로 선택하는 것이 중요하다.

그와 관련해서 두 가지 사례를 살펴보자. 첫 번째 사례는 직원 수가 10명을 넘지 않고, 매출 규모도 20억 원이 넘지 않는 회사의 경우다. 임금제도는 연봉제로 1년 단위로 사장과 직원이 협의해서 연봉을 정하고 있었고, 급여 외에 보상제도는 없었다. 이번에 처음으로 성과주의 조직문화를 활성화하려고 팀별·개인별 성과목표를 세워보았는데 성과목표가 개인별 역량보다는 팀 역량에 더 의존적임을 알 수 있었다. 이 회사가 성과관리를 도입하면서 보상 시스템을 고려 중이다. 어떻게 하면 좋을까?

이런 경우라면 평가는 개인별보다는 팀별로 진행하고, 보상 시스템은 회사 전체 목표를 하나 또는 두 개를 정해 목표 달성 시 전 직원 대상으로 정액제나 정률제(월 급여의 몇 퍼센트)로 경영 성과급을 지급하는 것을 추천한다. 만일 돈으로 지급하는 보상이 아직 이르다는 생각이 든다면 다음에 설명할 포상으로 전 직원에게 지급하는 것도 좋다.

두 번째 사례는 직원 수가 40명이 넘고 매출 규모도 200억 원이 넘는 회사의 경우다. 이 회사는 영업팀과 머천다이저(MD: merchandiser)팀, 그리고 경영지원팀으로 구성되어 있었다. 영업팀과 MD팀의 성과가 곧바로 회사의 성과와 직결되는 구조이고, 두 조직 모두 성과목표가 개인의 역량에 많이 의존되어 있어 직원 간 선의의 경쟁이 오히려 조직 전체의 성과를 높이는 데 적합한 경우다. 경영지원팀은 이 두 조직이 성과를 내도록 지원하는 데 총력을 기울인다. 이런 회사의 보상제도는 어떻게 하면 좋을까?

이 같은 회사의 경우 영업팀과 MD팀은 개인별로 성과평가에 연동된 성과 연봉제로 운영되는 것이 바람직하다. 다만 경영지원팀에 속한 구성원들의 경우는 성과 연봉제로 동일하게 운영하되 성과평가 부분에 개인별 성과평가보다는 회사 전체 목표 달성률에 연동된 성과급을 지급하는 것이 좋다.

비교 항목	A사	B사
회사 규모	10명 이내, 연 매출 20억 원 이내	40명 내외, 연 매출 200억 원 이상
조직 특징	개인 역량보단 팀 역량 중요	개인 역량과 팀 역량 병행 필요
성과 평가	팀 평가 중시	개인 평가와 팀 평가 병행
보상 시스템	전 직원 대상 정액제 또는 정률제로 경영 성과급	개인 성과 연봉제 기본, 경영지원 조직은 회사 전체 달성률 연동

위 두 사례를 통해 보더라도 보상제도는 각 회사의 특성을 충분히 이해하고, 보상제도를 통해 얻고자 하는 목적을 가장 잘 얻을 수 있는 적합한 구조를 만들어내야 한다는 점을 알 수 있다.

다만 이때 유의할 점이 하나 있다. 보상제도는 운영을 잘못하면 나눠먹기식 또는 밀어주기식으로 오용될 수도 있다. 더욱이 돈으로 직원의 동기를 조절할 수 있다는 사장의 오만을 키울 수도 있다. 성과 중심 조직문화를 만들려다 부서 이기주의나 개인주의로 빗나가지 않도록 주의를 기울여야 한다.

포상, 어떻게 하면 좋을까?

두 번째는 '포상'에 대한 이야기다. 내가 규모가 조금 작은 사업부에서 일할 때이다. 당시는 대부분 돈으로 지급되는 보상보다는 상품이나 시간을 포상으로 받았다. 회사에서 활성화하려고 한 학습조직에 성실하게 참석해서 성장의 모범이 되었을 때 예쁘게 포장된 추천도서 세 권을 포상 받거나, 하루 종일 필독서를 읽고 생각을 정리할 수 있는 '1일 독서 MT'를 포상으로 받는 식이었다. 팀 분기 목표를 달성해서 '1박 2일 MT'를 포상으로 받아 팀워크를 다지러 양평이나 대성리에 있는 펜션으로 갔던 기억도 난다. 신입 사원일 때였기에 선배들과 허물없는 대화를 나누며 소속감을 충분히 느낄 수 있었다.

어떤 해는 사업부 연간 목표를 달성해서 '2박 3일 전 직원 일본 연수'를 포상으로 받은 적도 있다. 인생 첫 해외여행의 경험을 조직에 대한 자긍심과 더불어 누릴 수 있는 기회였다. 전 직원들의 관심과 열정을 불러모으기에 해외연수는 너무나도 강력하고 매력적인 포상이다.

포상을 집행한 사례들도 있다. 어려운 프로젝트를 성공적으로 달성한 콘텐츠 개발팀을 포상한 적이 있는데, 이때는 '태양의 서커스단 공연' 티켓과 저녁 회식비를 지원했다. 목표를 달성한 기획팀에는 수강료가 꽤 비싼 '전문가 자격 이수 교육' 참가를 포상으로 한 적도 있다.

돌아보면 이 모든 포상에는 회사에서 강조한 핵심가치 중 하나인 '성장'이라는 배경이 흐르고 있었다. 포상은 이렇게 조직문화와 함께 가야 한다. 그러므로 보상제도를 고민하고 있는 사장들에게 돈보다는 먼저 자신의 회사 문화에 맞는 창의적인 포상제도를 적극 개발해서 활용하기를 권한다.

그리고 포상은 목표를 달성한 즉시 시행해야 효과가 있다. 절대 미루면 안 된다. 그리고 축제 분위기가 나도록 아이디어를 모을 필요가 있다. 포상받은 직원 입장에서 "내가 해냈어!"라며 일생 자랑이 될 수 있게 해주는 것이 좋다. 기본급이 많이 낮은 상태라면 연봉을 업계 평균 수준까지는 올리는 것이 우선일 수도 있다.

지금까지 보상과 포상에 대해 살펴보았다. 적절하고 참신한 보상과 포상은 조직에 활력을 가져오고 성과에 몰입하게 하며, 무엇보다 직원 입장에서 회사 다니는 것이 즐거워지게 한다. 그러나 지혜롭지 못하면 문제가 생긴다. 특히 돈으로 지급하는 보상은 더욱 조심할 필요가 있다. 그래서 보상제도는 단계별로 진행하면서 계속 연구해야 한다.

7장

위기가 곧
기회다

관련 업계에서 정상에 설수록 더욱 공격의 타깃이 될 수 있다. 산 정상일
수록 바람이 더 센 것처럼 회사는 성장하면 성장할수록 예기치 않은 상황
들과 맞부딪힌다. 그러나 어떻게 할 수 없는 위기를 맞았을 때 사장이 이
를 어떻게 해석하느냐에 따라 결과가 달라진다.

전염병이
몰고 온 위기

언제부터였을까? 동네마다 대형 마트가 들어서 있다. 심지어 수도권에는 동네에 하나가 아니라 두세 곳이 입점해 있는 곳도 많다. 거기다 상권이 크게 형성된 곳에는 대형 백화점과 도심형 아울렛까지 있으니 그 숫자가 실로 어마어마하다. 어느 어르신이 지나가면서 이야기하기를 "이 모든 것을 누가 다 사가나?" 할 정도로 유통업체들의 전성시대다.

이 모든 유통업체에는 문화센터란 곳이 있다. 이곳에서는 영유아부터 성인에 이르기까지 취미생활이나 건강을 위한 다양한 평생교육 프로그램이 운영되고 있다. 이 문화센터에는 보통 한 수업 프로그램에 15명 내외로 운영할 수 있는 공간이 여러 개 있다. 수업 프로그램은 봄, 여름, 가을, 겨울 네 시즌 수업으로 등록하게 되어 있고 인기 프로그램은 선착

순으로 조기 마감되기도 한다.

이 수업 프로그램들은 유통업체에서 직접 진행하는 것이 아니라 평생교육 프로그램 수업을 개발하고 출강 강사들을 운영하고 있는 업체에 위임해서 운영된다. 국내에 수천 개 프로그램이 있으니 업체 수도 그 정도일 것이다. 개인 혼자 출강하는 경우에서부터 전국적으로 출강 강사들을 조직하여 운영하는 규모 있는 교육회사도 있다. 특히 전국구로 활동하고 있는 업체들은 적게는 수십 명에서 많게는 수백 명의 강사진을 운영하고 있다. 강사들은 대부분 프리랜서로 자신이 수업을 진행한 만큼 수입을 얻기 때문에 연차에 상관없이 자신의 능력과 매력을 끌어올리려고 노력을 한다.

이런 교육업체와 강사들에게는 비즈니스상 여러 위기가 있을 수 있다. 강사 개인이 부상을 입거나 병에 걸려 활동할 수 없는 경우도 있고, 교육업체 입장에서는 강사들의 잦은 이탈이 문제가 되기도 한다. 외부적인 요인으로는 유통업체의 폐점으로 사업장이 사라지는 경우도 있고, 경기가 좋지 않아 회원 수가 전체적으로 감소하는 경우도 있다. 하지만 이 분야에서 무엇보다 강력한 위기가 있다. 바로 '전염병'이다.

'신종플루' 사태가 초래한 경영 위기

2009년 전국을 강타한 전염병이 있었다. 이 전염병은 감염된 환자가 기침과 재채기를 하면 다른 사람의 호흡기를 통해 감염되며, 계절 독감과 비슷한 증상이 나타났다. 바로 '신종플루'다. 학교 휴교뿐만 아니라 모든 단체 활동들은 중단 또는 무기한 연기되었다. 문화센터와 강사들, 그리고 그들을 운영하는 교육회사들은 직격탄을 맞았다.

당시 나의 한 지인 또한 이런 문화센터 출강 비즈니스를 운영하는 교육회사의 대표였다. 그 회사는 창업한 지 5년 차로 이제 막 성장기에 진입하려고 전국적으로 문화센터 출강 비즈니스 확장을 계속해 나가고 있었다. 40여 명의 강사들이 문화센터로 출강하고 있던 중 신종플루 사태를 맞았던 것이다.

신종플루 사태가 터지자 회원 수가 급감했을 뿐만 아니라 폐강되는 강좌들이 속출했다. 보통 오픈된 강좌에 신청 회원 수가 5명 이내면 타산이 맞지 않아 폐강하는 것이 일반적이다. 당장 강사들은 일자리를 잃게 되었고, 회사는 현금흐름에 비상등이 켜졌다. 자금 상태가 그리 튼튼하지 않던 상황이라 신종플루 사태가 수개월 더 지속되면 부도에 직면할 정도였다.

회사와 강사들이 무엇을 더 잘, 더 열심히 한다고 해결될 수 있는 성질의 위기가 아니었기에 더 절망적이었고, 무조건 버텨내야 하는 상황이었다. 더군다나 회사 입장에서는 이 시기에 강사들이 다른 일자리를 찾아 떠나버리면 전염병이 지나간 다음에 이전과 동일한 상태에서 출강 비즈니스를 시작할 수 없다. 준비된 강사를 쉽게 구할 수가 없기 때문이다. 지금도 문제지만 나중에 더 큰 문제가 되는 상황이었다. 회사 대표는 이러지도 저러지도 못할 깊은 구렁텅이에 빠진 기분이었다고 한다.

2009년 5월에 발발해서 그해 7월에 '심각' 수준으로 격상되어 전국을 경악 상태로 몰고 갔던 신종플루 사태는 그다음 해인 2010년 4월경에야 종료되었다. 거의 1년 정도를 휘몰아친 위기 상황에서 그 회사는 과연 어떻게 되었을까?

그때 그 회사 대표는 '어떻게 할 수 없는 위기를 맞았을 때는 사상이 이를 어떻게 해석하느냐에 따라 결과가 달라진다'고 생각했다고 한다. 그리고 사업의 본질을 다시 다듬고, 미루어 둔 중요한 일 중에 할 수 있는 것부터 돌파하자고 스스로 다짐했다. 어떠한 어려움이 있더라도 함께 버티어서 살아남자고 뜻을 하나로 모으는 일에 주력했고, 이에 동의한 강사들과 수십 일 밤을 함께 지새우며 돌파구 찾기에 올인했다. 그들이 찾은 돌파전략에는 이런 것들이 있었다.

> "한 명의 회원이라도 신청하면 수업을 가자. 그래서 해당 문화센터 측에 신뢰를 얻고 그 강좌를 반드시 지켜내자."
>
> "굶지 않고 살 정도의 돈은 택배든, 야간 편의점 알바든, 행사 도우미든 그 어떤 것이든 해서 확보하자."
>
> "그러고도 남는 시간에는 함께 모여 수업의 질을 올릴 수 있도록 함께 학습하고 훈련하자."

결론적으로 그들은 함께 살아남았다. 살아남았을 뿐만 아니라 예기치 않은 선물도 주어졌다. 1년여 동안 몰아닥친 '신종플루'는 그 회사의 경쟁업체들을 와해시켜버렸다. 그 바람에 경쟁업체들에게 주어졌던 강좌 스케줄은 비게 되었고, 한 고객이라도 해당 수업을 신청하면 손해를 각오하고서라도 해당 강좌를 지켜내 준 이 회사와 강사들에게 문화센터들은 경쟁업체들이 운영하던 강좌 스케줄들을 감사한 마음으로 넘겨 주었던 것이다. 더욱이 남는 시간에 수업의 질을 올리기 위한 노력들이 다른 업체와는 차별되는 경쟁력을 갖게 해서 이후 회원 모집에도 대박을 이끌어냈다.

'메르스'도 두렵지 않은 위기관리 능력

그렇게 6년이 지난 2015년, 그 회사는 5배 이상 성장해 있었다. 그런데 바로 그때 또다시 '메르스' 사태가 불어닥쳤다. 회원 수는 다시 급감했고, 6년 전과 비교할 수 없을 정도로 많은 강사를 붙들어야 하는 상황이 벌어졌다. 그러나 '신종플루' 사태 속에서 체득한 위기관리 능력이 오히려 이 회사의 경쟁력이 되어 '메르스' 사태를 뛰어넘고 더 성장하는 2016년을 맞이할 수 있었다.

"그 어려운 걸 자꾸 해냅니다, 내가……."

2016년 2월부터 반영되어 4월에 끝난 16부작 드라마 〈태양의 후예〉에 나오는 명대사 중 하나다. 유시준 대위역을 맡은 송중기 씨의 멘트 중 하나인데, 나는 이 회사 대표와 강사들에게 너무나 잘 어울리는 대사라고 생각한다.

이렇듯 위기는 모든 사장이 겪고 있는 일상사이다. 대기업과 달리 중소기업은 한 번의 위기가 사업을 끝장낼 수도 있다. 또 그런 큰 쓰나미 같은 일들이 수도 없이 몰아친다. 그런 가운데서도 그 어려운 걸 자꾸 해내는 중소기업 사장들을 존경한다. 진심으로.

내부 관계자들의 배신,
그리고 경쟁업체 출현

　　　　　　　　　　　　　　　　대전의 ○○호텔 회의실에서 출
강 비즈니스를 하는 수십 명의 교육회사 대표들이 모인 적이 있다. 전국
에서 그래도 규모가 상위권에 드는 업체들 위주로 서로 경영에 도움이
될 수 있는 지식과 사례들을 공유하고 새로운 도전들에 대한 대안들을
모색하는 시간을 가지기 위해서였다. 당시 나도 어느 대표의 요청으로
그 자리에 참석하게 되었다.

　교육회사 대표들은 사업적 특성상 고질적인 문제 하나를 공통적으로
가지고 있었다. 바로 함께 일하던 강사가 독립해서 경쟁업체를 차린다
는 점이었다. 독립하는 강사 중 일부는 사장이 개발해 사업화한 교육 프
로그램을 가져다가 조금 변형시켜 자기 사업을 하기도 했다. 심지어는
자신이 출강했던 거래처를 통째로 가져가기도 한다는 것이었다.

거래처 입장에서는 늘 새로운 교육 프로그램을 원하다 보니 이런 강사들에게도 신규 강좌로 거래를 열어준다고 한다. 이런 배신감으로 힘이 빠질 뿐만 아니라 시장을 나눠 먹어 생존을 위협한다는 것이었다. 쉽지 않은 상황이었고, 딱히 명쾌한 해결책이 있을 수 없는 상황이었다. 그런 상황에서 한 사장이 자기 회사 나름대로 대처한 방어 사례를 공유했다.

근본적인 해결 방법을 찾아야 한다

그 사장은 어느 날 회사와 강사 계약 해지를 하고 나간 강사 중 한 명이 자사 프로그램과 거의 비슷한 프로그램을 다른 이름을 걸고 출강 비즈니스를 하고 있다는 소식을 전해 들었다. 해당 강사는 강사로서 좋지 않은 행실이 거듭되어 강사 자격을 잃게 된 경우였는데, 현재 출강 나가는 거래처는 자세한 사정 내용은 모른 채 단지 수강료를 더 싸게 해준다는 말에 넘어가 거래를 하게 되었던 것이다. 그 강사가 수업하는 현장을 방문해서 살펴보니 프로그램 이름만 바꾸었지 기존 회사에서 사용하던 핵심 교구 몇 가지를 그대로 가져다 쓰고 나머지 다른 교구들을 교체해서 운영하고 있었다.

그래서 바로 법적 대응을 하고 거래처에 그 강사의 문제점들을 밝혀 강의를 진행하지 못하도록 조처했으나, 이것이 근본적인 대응인지 다시 한 번 고민하게 되었다고 한다. 출강 비즈니스 업계 환경에서 무조건 못하게 한다고 막을 수 있는 것도 아니며, 더욱이 자신이 강사들의 미래를 무조건 보장해줄 수 있는 구조가 아님을 잘 알고 있었기 때문이다. 무엇보다 사장 자신이 강사 출신이었고, 독립해서 사장이 된 경우였다. 처음에는 기존 업체에서 강사로 활동하며 업계의 생태를 이해하고 기본 기술을 배우고 나서 자신만의 차별화된 프로그램을 자체 개발하여 독립했던 것이다. 그리고 악착같이 거래처 하나하나를 자신의 발품으로 개척해서 성공한 경우였다.

그래서 이 사장은 크게 네 가지 예방책을 세워 실행했다.

첫째는 프로그램에 사용하는 핵심 교구와 브랜드 상표에 대해 디자인 출원, 특허 출원, 상표권 출원을 진행하고, 모든 강사에게 이를 미리 공지하여 불법을 저지르지 못하도록 사전에 충분히 교육했다.

둘째는 교육 프로그램의 품질을 더욱 차별화하는 데 힘을 쏟았다. 교구뿐만 아니라 음악과 강사 복장에 이르기까지 모든 요소에 차별된 브랜딩 요소를 강화했다.

셋째는 주요 거래처 본사 책임자를 찾아가 새로운 프로그램을 신청받을 땐 해당 강사에 대한 평판 조회를 거치도록 협조를 요청했다. 그렇게 하지 않으면 현장의 교육 품질이 심각하게 떨어지게 된다는 것을 강조하면서 말이다.

넷째는 장기적 관점에서 강사들이 독립해 경쟁업체가 되기보다는 신규 사업의 파트너로 함께 일할 수 있는 새로운 장을 개척하는 방향으로 유도했다. 이는 기존 회사가 성장을 위한 다각화 전략을 진행할 여력이 있을 때 가능한 것으로 모든 회사가 당장 활용할 수 있는 방법은 아니지만 더 나은 대안을 함께 찾는 자세를 가지고 있는 것과 없는 것은 큰 차이가 있다.

시장이 건강해지는 길

그 사장은 사례 발표를 마치면서 이런 과정에서 지적 재산권 보호에 대해 새롭게 인식하게 되었으며 자사 프로그램의 브랜딩 요소가 강화되어 기존 고객들의 충성도가 더 올라갔고, 결과적으로 회사의 눈에 보이지 않는 무형의 자산가치 또한 증가했다고 전했다.

물론 이렇게 예방했다고 문제가 전혀 발생하지 않는 것은 아니다. 기본 상도가 없는 사람의 비참한 종말을 우리는 자주 주위에서 본다. 사업이란 기존 것을 베껴서 오픈했다고 다 잘되는 것이 아니다. 사업이 그리 만만했으면 누가 못하겠는가. 사례 발표를 해준 사장의 회사에서 나간 강사들이 세운 유사 업체 몇 곳이 현재도 운영되고 있지만 여전히 고전 중이라고 한다. 그러면서도 그 대표는 그들이 자신만의 차별화로 새로운 시장을 개척하길 진심으로 바라고 있었다. 그래서 이 시장이 더욱 건강하게 확장되는 것이 바람직한 길이라고 소망하면서.

내부 관계자들의 배신으로 인한 위기는 이런 경우 말고도 다양하다. 핵심인력을 경쟁업체가 연봉을 몇 배 더 주고 데려가는 경우도 있고, 돈 때문에 내부자가 핵심기술을 빼돌리기도 한다.

위법한 경우야 법적 대응을 하면 되지만 직원의 생존권과 시장 논리에 휘둘리다 보면 그리 쉬운 일이 아니다. 그래서 단기적 처방으로 규정을 강화하거나 통제 시스템에 투자하는 것 외에도 장기적으로는 모방할 수 없는 핵심역량을 강화하고, 직원 입장에서 돈 말고도 당신 회사를 떠나거나 배신하고 싶지 않은 충분한 이유를 제공하는 데 힘을 쏟아야 한다.

직원 횡령으로 인한
부도 위기

격주에 한 번, 목요일이면 경영에 대한 자문을 진행하러 방문하는 회사가 있다. 십여 년 전에 사업을 시작했는데 중간에 큰 어려움을 겪고 자포자기하다가 마음을 다잡고 재기해 다시 성장세를 타기 시작한 기업이다. 그 회사 사장으로부터 회사의 히스토리를 듣던 중 무심결에 "이 이야기는 진짜 드라마네, 드라마야!" 하는 말이 튀어나왔다. 그 사장이 들려준 이야기는 다음과 같았다.

외부 발탁의 함정

사장은 개발자 출신이기에 경영에 대해서는 지식이 전무한 상태였고, 상품만 잘 개발하면 경영은 그냥 잘될 거라는 막연한 생각으로 5년을 분주히 달려오고 있었다.

그러던 중 지인으로부터 조언 하나를 받았다. 회사를 더 크게 키우려면 경영자 경험이 출중한 사람을 영입해서 그를 통해 경영하는 것이 좋지 않겠는가 하는 내용이었다. 논리적으로 문제없는 조언이었고 자신은 경영에는 흥미도 없는 상태라서 개발에 전념할 요량으로 그 제안을 받아들였다. 그렇게 해서 영입된 외부인사 A씨가 대표이사직을 맡고 기존 사장은 주주로만 있으면서 개발 디렉터의 역할에 집중하게 되었다.

문제는 대표에게 A씨가 올바르게 제대로 경영을 하는지 점검할 수 있는 구조나 지식이 전혀 없었다는 점이다. 훨씬 규모가 큰 기업을 운영한 경험이 있어서인지 A씨는 계속 사업을 확장했고, 심지어 작은 회사 M&A까지 진행했다. 물론 회사 명의로 은행 대출을 끌어당겨서 진행했다. 인수하는 회사 관련 재무자료 등은 기존 사장에게도 보고되었지만 그 내용을 검토할 만한 지식이 없었기에 동의하며 따라가게 된 것이다.

그렇게 3년이 지나면서 겉으로는 회사 규모가 점점 커지고 직원들도 많아졌다. 그런데 여기저기서 불협화음이 들리고 거래처들로부터 좋지 않은 이야기들이 들려 왔다. 하지만 어찌할 바를 몰랐기에 사장은 더욱 A씨를 의존할 수밖에 없었다.

그러던 어느 날 거래 은행 지점장으로부터 전화를 받았다. 갑자기 회사의 신용등급이 떨어졌다며 무슨 일이 있느냐고 조심스럽게 물어온 것이다. 이때부터 잠재된 문제가 폭발하듯 터져 나오기 시작했다.

하나하나 직접 확인해 들어가니 지금까지 자기에게 보고된 재무자료는 부풀려서 거짓으로 작성된 것이며, 기존 거래처들에게 밀린 미지급금도 보고된 것보다 크다는 사실을 알게 되었다. 심지어 A씨는 당시 경리 직원과 짜고 이미 많은 돈을 횡령한 상태였다. 고래고래 고함을 치고 미친 듯이 A씨에게 따졌지만 이미 엎질러진 물이었다. 몇 주에 걸쳐서 실사를 해보니 연 매출보다 더 많은 빚을 지고 있음이 드러났다.

분노와 좌절로 거듭되는 나날들 속에서도 자신만을 믿고 함께해 온 거래처 사장과 충성스런 일부 직원들을 생각하며 여기서 포기할 수는 없다고 거듭거듭 자신을 일으켜 세우기를 수십 번. 그러던 중 그는 생전 처음 새벽 기도의 시간을 가지면서 마음을 다시 잡고 뜻을 정했다.

용서와 재도약

그렇게 뜻을 정한 다음 날 일찍 출근해서 제일 먼저 한 일은 A씨를 부른 것이다. 그리고 그에게 민형사상 일체의 책임을 묻지 않을 테니 지금 회사를 떠나라고 조용히 말했다. 그를 용서하기로 한 것이다. 그리고는 강남에 있는 자택과 사무실, 타고 다니던 승용차까지 처분해서 현금을 만들어 부채 일부와 밀린 직원의 급여를 정산하고 서울 외곽의 월세방으로 이사를 갔다. 떠날 직원은 떠나보내고 끝까지 회사를 살려보겠다고 남은 일부 직원들과 이를 악물고 다시 초석을 쌓기 시작했다.

뜻을 다시 세운다는 것은 정말 어려운 일이다. 하지만 그 또한 새 일을 가능케 하는 원동력이 되기도 한다. 그렇게 하루하루, 한 주 한 주를 새롭게 세운 뜻을 곱씹으며 달려온 지도 벌써 5년이 지났다. '하늘은 스스로 돕는 자를 돕는다'는 말처럼 이 기간에 예상할 수 없었던 호의도 많이 입었다. 현재 빚은 거의 다 갚았고, 회사는 안정을 되찾았을 뿐만 아니라 새로운 성장을 위한 신사업 준비가 한창이다. 무엇보다 그는 사장의 역할에 대한 본질을 이해하고 경영의 최선두에서 오늘도 새로운 도전에 흥을 돋우고 있다.

'비 온 뒤에 땅이 굳어진다'라는 말이 있다. 바로 이 사장에게 해당하는 말이 아닐까 한다. 연말에 그로부터 연락이 왔다.

"올해는 전년보다 30퍼센트 더 성장한 것 같아요. 너무 감사하죠."

언젠가부터 그로부터 '감사'란 말을 자주 듣게 되었다.

경영 현실에서 어찌 어려움이 없겠는가. 한 번 큰 위기에서 벗어났다고 영원히 위기가 없는 것도 아니다. 그러나 시련이 깊었던 만큼 더욱 단단해져 주어지는 모든 환경을 감사하는 그에게선 뭔지 모를 좋은 기운을 늘 느낄 수 있다.

20세기 가장 뛰어난 정치가 중 한 사람인 윈스턴 처칠은 영어에 늘 낙제점을 받아 중학교 때 3년이나 진급을 못하고, 육군사관학교가 아닌 포병학교에, 그것도 명문가의 자제라는 특전 때문에 겨우겨우 입학했다. 그러나 먼 훗날 그는 우리가 너무도 잘 아는 옥스퍼드 대학의 졸업식 명축사를 하게 된다. 우레와 같은 박수갈채를 받으며 올라간 연단에서 그의 첫 마디는 "포기하지 말라!"였다. 숨소리를 죽이며 다음 말을 기다리는 청중을 천천히 둘러보고는 마지막 말을 했다. "포기하지 말라!"

중소기업 현장에서는 오늘도 각본 없는 드라마들이 펼쳐지고 있다. 바로 당신의 현장 말이다. 어쩌면 사례 속 사장처럼 지금 극한 좌절의 끝자락에 서 있는 사람도 있을 것이다. 그에게 처칠의 명언을 다시 들려주고 싶다.

"포기하지 말라!"

모르고 있던
정책법 위반으로 찾아온 위기

모두 회사가 성장하기를 갈구한다. 그래서 앞만 보고 열심히 달린다. 좌충우돌 부딪히며 여기저기 상처도 입지만 포기하지 않고 버틴다. 그러다 거래가 터지고 운까지 겹치면 성장의 단계에 도달한다. 고객이 많아지고 매출이 오르며 회사 규모가 커진다. 정말 기분 좋고 행복한 일이다.

그러다 성장통을 맞이하게 된다. 이 성장통은 회사 내부에서도 일어나고, 회사 외부에서도 발생한다. 홍보와 마케팅을 위해 열어 놓은 인터넷 관련 사이트나 카페에 블랙 컨슈머(부당한 이익을 취하고자 고의적으로 악성 민원을 제기하는 소비자)들이 나타나기도 하고, 이런저런 공격을 하는 경쟁사들이 생기기도 한다. 더욱이 전혀 생각지도 못한 정부 관련 기관에 대응해야 하는 일들도 생긴다. 참 챙길 것이 많아진 것이다.

회사 직원도 많아져서 작은 조직일 때는 한 공간에서 한 번 이야기하면 다 똑같은 내용을 인지하게 되는데 조직이 커지고 부서들이 많아지면서 부서 간 장벽들이 생겨 소통에 단절이 생기기도 한다.

'어린이 제품 안전 특별법'이 몰고 온 위기

다음은 십여 년 동안 어린이 교육사업을 해오던 회사에서 실제로 일어난 일이다.

> "사장님, 큰일 났어요. 큰일."
> "무슨 일인데?"
> "우리 수업 교재가 '어린이 제품 안전 특별법' 기준에 맞는 인증 없이 출고되었다고 한 고객이 강하게 문제를 제기하면서 답변을 요구하고 있어요. 그리고 부정적인 댓글이 늘고 있어요."
> "그게 무슨 법이야? 우리 상품은 전부 품질 인증을 받고 있잖아?"
> "작년에 어린이 제품 안전을 강화하기 위해 특별법이 제정되었고 안전인증 대상 품목이 확대되어서 저희 수업 교재도 포함된다고 합니다. 업체들이 준비할 수 있도록 1년 유예 기간을 주었는데, 올해부터는 위반 시 최대 3년 이하 징역 또는 3,000만 원 이하 벌금이라고 합니다."
> "그럼 지금까지 다들 뭐 하고 있었어?"

이 회사는 최근 들어 급성장을 하면서 브랜드 선호도가 증가하고 있었다. 더욱이 SNS 등을 통한 온라인 마케팅을 강화하고 있었는데 회사에 대한 부정적인 여론이 만들어지면 브랜드 이미지에 큰 치명타를 입을 뿐만 아니라 제대로 대처하지 못할 경우 법적으로 영업정지까지 받게 되는 상황이었다. 내부회의를 거쳐 파악된 실상은 다음과 같았다.

정부 관련 부처로부터 이 특별법에 대한 사전고지 통지문을 작년에 경영지원팀이 수령했고, 팀장 회의에서 소통까지 했다고 한다. 다만 당시 생산팀장이 사정이 생겨 퇴사했고, 새 팀장은 이 사실을 인지하지 못했던 것이다. 새로 제정된 법에 대해 충분히 숙지하고 대응책을 마련했어야 하는 소중한 시간을 놓치고 오히려 고객으로부터 문제 제기를 당하고 있으니 사장의 속은 타들어 갔다.

어쩔 수 없이 사장이 정면 돌파를 위해 발 벗고 나섰다. 먼저 해당 특별법을 충분히 숙지하는 과정에서 문제가 된 교재가 구체적으로 어떤 단계의 인증 대상인지를 파악하고, 문제가 되는 수업 교재를 직접 다 들고 관련 기관을 방문해서 구체적인 개선 계획을 논의하고 돌아왔다.

문제를 제기한 고객과는 적극적으로 소통해서 고의적인 문제가 아니며 위험이 존재하는 수업 교재도 아님을 알리고 인증기관의 심사결과를 언제까지 공개하겠다고 약속하면서 수습에 들어갔다. 여러 우여곡절을 겪었지만 다행히 고객의 문제 제기는 잘 마무리 되었다. 회사도 '어린이 제품 안전 특별법'과 관련된 품질인증을 시스템적으로 받을 수 있도록 업무 구조와 예산을 마련했다. 결과적으로 이 또한 경쟁사들에 비해 더 경쟁력 있는 회사가 되는 데 또 하나의 중요한 요소가 되었다.

그 이후 사장은 같은 문제가 다시 발생하지 않도록 매년 경영계획을 세울 때 부서별 업무와 관련된 정부 정책이나 시행령들을 사전에 검토해서 이슈화하고 대응 방안을 수립하는 절차를 포함하게 했다. 그리고 인사 노무 분야, 회계 세무 분야, 영업과 생산 분야의 모든 기회와 위기 요소를 경영자원화할 수 있도록 월 결산 회의 시 보고하는 방식을 추가했다. 관리의 질을 강화함으로써 내실 있는 성장을 추구하게 된 것이다.

성장기 회사는 시야를 넓혀야 한다

위 회사의 이야기는 성장하고 있는 회사라면 어떤 업계에서도 만날 수 있는 상황이다. 특히 관련 업계에서 정상에 설수록 더욱 공격의 타깃이 될 수 있다. 산 정상일수록 바람이 더 센 것처럼 회사는 성장하면 성장할수록 예기치 않은 상황들과 맞부딪힌다. 그러므로 회사가 성장기에 올라갈 때는 좀 더 시야를 넓혀 주위를 깊이 살펴봐야 한다.

> "나는 습관적으로 발밑을 봅니다. 어느 순간 낭떠러지가 턱 나타날지 모르기 때문이죠. 특히 중소기업은 잠깐의 실수로 모든 게 끝나버리고 맙니다. 그래서 그런지 늘 조심하는 법, 인내하는 법, 생각하는 법, 때를 기다리는 법을 마음속에 새겨두게 됩니다."

전경일 저자가 쓴 《CEO 산에서 경영을 배우다》에 나오는 어느 한 중소기업 사장의 고백이다.

이것이 모든 사장의 마음이지 않을까 한다. 사장의 이런 마음가짐이 내실 있는 성장으로 꽃피울 수 있도록 진심으로 응원한다.

세무조사,
대체 왜 이런 일이 내 회사에?

'가지 많은 나무에 바람 잘 날이 없다'란 말이 있다. 자식을 많이 둔 부모에게는 걱정이 그칠 날이 없다는 것을 비유적으로 표현한 말이다. 중소기업을 경영하는 사장 역시 대기업에 비하면 자식에 비유될 직원들이 많은 것도 아닌데 바람 잘 날 없기는 마찬가지다. 정기적 학습 모임을 하고 있는 한 사장의 회사에 갑자기 세무조사 통지가 날아왔다.

놀라 자빠질 일이 발생한 것이다. 사업을 시작하고 처음 겪는 일인데다 이전부터 사업을 하는 주변 지인들로부터 세무조사에 대한 부정적인 이야기를 하도 많이 들어왔기에 더욱 불안한 마음이 컸다. 일단 세무조사를 받아본 사업 선배들에게 조언을 얻는 일부터 시작한 사장은 회사의 회계와 세무 관련 업무를 대행하던 외부 기장업체 대표를 불러들여 대책을 세웠다.

개인 창업에서 시작한 작은 회사들의 사장은 대부분 회계와 세무의 차이를 잘 모르고 외부 기장업체에서 하자는 대로 그냥 믿고 따라갈 뿐이다. 그 또한 기장업체 대표에게 전적으로 의뢰할 수밖에 없는 처지였다. 그런데 막상 세무조사관이 나와서 던지는 질문에 답해야 하는 사람은 바로 사장인 그 자신이었다. 자신의 상황과 입장을 항변해봤지만 전혀 먹히지 않는 상황들이 계속되자, 당황스러우면서도 화가 났다고 한다. 아는 게 제대로 없는 자신에게 화가 났고, 제대로 된 지식으로 자신을 잘 지원해주지 않은 기장업체에게도 화가 났던 것이다.

더더욱 그를 놀라게 하고 화나게 한 것이 또 있었다. 아직 정식 세무조사가 나올만한 회사 규모도 아닌데 조사가 나왔고, 더욱이 조사관의 손에 내부직원이 아니고서는 알 수 없는 자료와 내용이 있었기 때문이다. 도대체 어떻게 된 일인지 알아보던 그는 얼마 후 이 세무조사가 포상금을 노린 누군가의 신고 접수로 시작되었다는 것을 알게 되었다.

사장인 그는 이제까지 사업을 하면서 안 좋게 헤어진 여러 명의 직원들을 떠올려가면서 곱씹어 봤다고 한다. 모두 의심이 되었지만 그렇다고 돌이킬 수도 없는 상황이었다. 결국 그는 큰 수업료를 지불하고 세무조사를 마쳤다.

나중에야 세무업무를 잘 모르는 사장들이 눈앞의 이익을 얻기 위해 외부 기장업체의 편법적 조언을 따라 그때그때 상황을 모면하거나 유리하게 처리하는 경우를 역이용하는 경리부서 위장 취업자들이 있다는 사실을 알게 되었다.

"새로 경리 직원을 뽑을 때 어떻게 하면 이런 세파라치를 가려낼 수 있을까?"

이런 고민을 하던 그 사장에게 한 지인이 이렇게 조언했다고 한다.

"질문이 잘못되었네요. '어떤 직원들이 들어와도 문제가 없을 원칙과 체계를 어떻게 수립하지?'라고 물으셔야 합니다."

그 후 그는 외부 기장을 내부 기장 체제로 바꾸고, 지인 소개로 신뢰할 수 있는 회계법인의 자문을 받는 구조로 바꾸었다. 또한 세무조사를 받는 과정에서 깨달음을 얻고 향후 예상되는 리스크를 전략적으로 해결할 세무 관련 자문역도 소개받았다.

무엇보다 이 전문가들로부터 회계와 세무에 대한 '사장이 마땅히 알아야 할 기본 지식'과 진행 중인 사업을 확장할 때 예상되는 '핵심 해결과제들'을 집중적으로 학습할 수 있는 시간을 확보했다. '배워야 산다'는 것을 절실히 깨달은 것이다.

그리고 직원들을 의심하는 부정적인 자세를 뛰어넘어 어떤 직원이라도, 심지어 비록 불의한 의도를 가지고 입사한 직원일지라도 문제 될 것이 없도록 회계 처리와 세무 처리에 실행원칙과 업무 프로세스를 구축했다. 이 회사는 개인사업자에서 법인으로 전환한 이후 또 한 번의 세무조사를 더 받았는데 이는 그만큼 규모가 성장했기 때문이었다.

두 번째 세무조사를 받으면서 또 한 번 더 업그레이드하는 시간을 가졌다. 이 과정에서 회사는 더욱 탄탄해져 갔고, 수년이 지난 후에는 투자

회사로부터 큰 금액을 투자받기까지 했다. 위기가 오히려 기회가 된 것이다. 그 사장은 요즘 자신과 같은 어려움을 겪고 있는 중소기업 사장들에게 좋은 조언자로도 활동하고 있다.

요즘은 연회비 얼마를 내고 회원이 되면 포럼에 참여할 수 있을 뿐만 아니라 무료로 세무 또는 법률상담을 해주는 곳도 있다. 사장, 정말 배워야 산다.

최고 수준의 성과를 올리기 위해
직원에게 동기부여하는 방법은?

동기부여 방법에 대해서는 공급자 입장이 아닌 소비자 입장에서 살펴보기를 권한다. 질문을 이렇게 바꾸어보는 것은 어떨까?

"어떻게 하면 직원들이 보다 신나게, 그리고 주도적으로 일할 수 있을까?"

관심 보여주기

이름을 불러주기, 입사 1주년을 기억해주기, 성장을 포함해서 가장 고민하는 데 관심을 보여주기 등 직원 한 사람 한 사람에게 좋은 동료로, 선배로, 사장으로 함께하라. 혹시 직원들이 회사 내에 닮아갈 역할모델이 없어 고민하고 있지는 않은지 살펴보고, 좋은 동료, 닮고 싶은 선배들이 있도록 팀을 구성해주는 것이 무엇보다 중요하다.

기대해주기

스스로 발견하지 못한 직원의 가능성을 이야기해 주고, 본인이 스스로에게 기대하는 것보다 더 큰 기대를 전하라. 이는 그에게 적합한 일을 맡겨 책임지는 경험을 제공함으로써 성취감을 맛보게 하고, 현재의 능력보다 좀 더 큰 도전의 자리를 제공해서 성장을 촉진시키는 기회를 제공하는 것이다.

감사하기

돈으로 하는 보상은 효과가 크지만 오래가지 않는다. 소중한 인생의 시간을 당신의 회사와 함께하며 최선을 다하는 그의 노력과 수고에 대해 진심에서 우러나오는 감사를 전하라. 때로는 개인적으로, 때로는 공개적으로 직원을 인정하고 감사를 전하라. 물론 적절한 보상을 겸할 때면 더욱 효과가 크다.

무엇보다 자기 동기로 일하게 하는 것이 가장 효과적이다. 외부의 인위적인 주입으로는 해결할 수 없으며, 상호 관계 속에서 스스로 알을 깨고 나오는 자기 성찰 또는 자기 직면이 필요한 것이다. 그렇기에 직원을 대할 때, '직원들'이란 단체를 대하는 시각이 아닌 한 사람, 한 사람을 인격적으로 만나는 것이 무엇보다 중요하다. 워라밸(일과 삶의 균형)이라는 요즘의 대세를 넘어서 '일하는 기쁨'과 '성취를 통한 즐거움'을 느낄 수 있게 해 주는 사장이 이 시대에 가장 필요한 사람이 아닌가 생각한다.

3부

직원이 회사를 다녀야
하는 이유는 무엇인가?

바라는 것을 현실로 보게 하는 게 사장이다

7장

사장의 직업의식과
라이프스타일이
회사의 조직문화다

사장이 <u>스스로</u> 추구하는 가치를 기반으로 한, 일하는 이유를 명쾌하게 가지고 있다면 그 방향으로 회사라는 버스를 몰면 된다. 버스 안에서 함께 꿈꾸는 비전과 목표를 나누는 것 자체가 즐거운 고민이다. 어떻게 일할 것인가는 함께 머리를 맞대고 만들어가면 된다.

사장,
왜 일하는가?

미국 서부의 한 항구도시에 있는 생선가게를 방문했을 때였다. 우리 일행은 미국 출장 중이었고, 이 매장을 방문하기 위해 뉴욕 출장 일정을 마치고 바로 시애틀로 날아온 것이었다. 아침 오픈 시간부터 어떻게 하는지 지켜보고자 서둘러 나온 우리는 다른 나라에서 온 듯한 방문팀들도 여럿 만나게 되었다. 그들의 손에서도 이 매장을 주제로 한 책이 들려 있어 그들 역시 우리와 같은 목적으로 방문했다는 것을 알 수 있었다.

매장이 오픈하고 손님들이 모여들 때쯤 우리 일행도 매장 가까이 다가섰다.

"Where are you from?"

"We are from South Korea."

매장 직원 한 명이 환히 웃으며 우리에게 인사를 건넸다. 그리고 우리 중 한 명에게 매장에 진열되어있는 물고기를 가리키며 자신의 하얀 큰 앞치마에 이 물고기의 이름을 한국말로 써 달라며 매직을 건넸다. 우리 일행 중 한 명이 그의 하얀 앞치마에 큰 글자로 '아귀'라고 썼다. 그는 엄지를 척 올리며 밝게 웃으며 우리 일행을 환대해주었고, 덕분에 우리는 그 점원과 함께 매장을 배경으로 기념사진 촬영도 할 수 있었다.

말 그대로 생선을 팔기 전에 고객과 놀아주었던 것이다. 아마 지금쯤 독자는 여기가 어느 곳인지 짐작했을 것이다. 이 매장은 미국 시애틀 파이크플레이스에 있는 약 40평 정도 되는 생선가게다.

'이유 만들기'를 시작하다

1940년생 일본계 미국인인 존 요코야마 씨가 사장으로 있고 직원이 약 10명 이내인 이 작은 생선가게는 세계적으로 유명한 관광지이자 우리 경영 벤치마킹의 출장 목적지였다. 물론 그들 역시 이렇게 성공해서 유명해지기까지 어느 조직에서나 겪게 되는 어려움이 없지는 않았다.

사장인 존 요코야마 씨는 원래 주급으로 일하던 그 가게 직원이었다고 한다. 이전 사장이 가게 운영을 하다가 여의치 않아서 직원이던 존 요코야마 씨에게 매장을 넘기겠다고 제안했고, 그가 그 제안을 받아들였던 것이다. 돈을 벌기 위해 시작된 그의 사장 생활은 실패를 거듭했고, 이전 사장처럼 매장을 접어야만 하는 위기를 맞았다. 그러던 그에게 새로운 계기가 생겼다.

함께 일하는 직원들과 함께 자신이 그곳에서 일하는 이유를 만들고 마지막이란 마음으로 그것을 실행해 나갔던 것이다. 그 이유는 '우리가 세계에서 최고의 매장을 만들어 보자'란 것이었다. 이를 실현하기 위해 '생선을 사든 사지 않든 고객에게 '그들의 날'을 만들어주자'라는 아이디어를 즐겁게 진행하는 것이었다.

이는 사장과 직원들의 '이유 만들기' 회의에서 막내 직원이 낸 아이디어를 발전시킨 것이라고 한다. 매장과 자신들이 존재하는 이유, 고객들이 이 매장과 자신들을 찾을 뿐만 아니라 열광할 수 있는 이유를 만들어내는 과정이었다. 이들의 성공 스토리는 《펄떡이는 물고기처럼》, 《How? 물고기 날다》란 책에 실려있다.

좀 더 나은 세상을 만들 수 있다

이처럼 돈을 벌기 위해 사업을 시작했지만 그 과정에서 고객에게 놀라운 가치를 제공할 뿐만 아니라 일하는 이유, 즉 사명을 발견하고 그 사명으로 직원과 회사를 성장시키는 사장을 종종 만나곤 한다.

먹고살기가 힘들어 헬스장 아르바이트로 생활하던 한 청년의 소원은 월 150만 원을 버는 것이었다. 그가 친구의 제안으로 사업을 시작하면서 첫 거래를 뚫는 과정에서 방문한 거래처 수가 100곳이 넘었다고 한다. '다음에 안 되면 이제 그만이다' 하며 발걸음을 옮기는 횟수가 줄어들 때쯤 한 거래처가 그들의 제안을 받아들인 것이다. 얼마나 감격적이고 고마웠던지 이 사장은 15년이 지난 지금도 그 첫 거래처 사장에게 명절 때마다 잊지 않고 선물을 보내며 감사의 마음을 전하고 있다.

그는 그렇게 월 150만 원을 벌게 되었고, 그다음에 잡은 목표가 월

300만 원이었다고 한다. 그런 식으로 목표가 월 1,000만 원을 넘게 되자, 다른 것이 보이기 시작했다고 한다. 다른 경쟁업체가 자신의 콘텐츠를 모방하기 시작하더라는 것이었다.

게다가 교육 분야의 콘텐츠를 보유하고 있었기 때문에 그는 자신이 정말 잘하면 이 업계에 큰 영향력을 가지게 된다는 것을 알게 되었다. 또 자신이 가진 올바른 교육철학을 담은 콘텐츠로 좀 더 나은 세상을 만들 수 있겠다는 사명감이 불타오르더라고 했다. 이를 계기로 직원들과 함께 세상에 없는 더 좋은 콘텐츠를 만들어내는 데 몰입하여 전 자산 재투자를 거듭하면서 수년 안에 그 업계 1위가 되었던 것이다.

최근 내가 만나고 있는 어느 사장은 처음부터 사명감으로 사업을 시작한 사람이다. 해당 시장의 왜곡된 부분들이 계속 마음에 걸려서 수년 동안 그 분야에서의 새로운 해결 대안을 준비해서 론칭한 사례다. 이런 경우는 아직 규모는 작지만 그 핵심 구성원들이 같은 사명감으로 똘똘 뭉쳐 있기에 자율적이면서도 경쟁력이 있는 조직문화를 갖추고 있다. 그러기에 좁은 시장에서 이미 1위를 굳히고 있고, 앞으로는 사업 다각화로 회사의 규모를 확장하는 과제를 함께하고 있다.

"사장, 당신은 왜 일하는가?"

이 질문은 매우 단순한 질문이지만 그 대답은 매우 강력한 영향력을 발휘한다.

"비전과 목표 설정은 어떻게 하는 것이 좋을까?"

"그 목표를 조직원에게 잘 전달하려면 어떻게 해야 할까?"

"어떤 직원을 뽑고, 어떤 직원을 내보내야 할까?"

"직원들이 제대로 일하게 하려면 어떻게 해야 할까?"

"직원 평가는 어떤 방식으로 하면 좋을까?"

"직원들에게 주인의식을 심어줄 수 있는 좋은 방법은?"

"직원들의 사기를 높이는 방법은?"

"직원들과 의사소통을 잘하는 특별한 방법이 있을까?"

"경영이 힘들어 다 놓고 싶을 때는 어떻게 극복해 나갈 수 있나?"

이 모든 고민에 대한 진정한 답은 사장 본인 안에 있다. 사장이 스스로 추구하는 가치를 기반으로 한, 일하는 이유를 명쾌하게 가지고 있다면 그 방향으로 회사라는 버스를 몰면 된다. 그리고 그 방향의 목적지를 가고자 하는 이들을 버스에 태우고, 방향성이 다른 직원은 버스에서 내리게 하면 된다. 그러면 버스 안에서 함께 꿈꾸는 비전과 목표를 나누는 것 자체가 즐거운 고민이 된다. 어떻게 일할 것인가에 대한 방법론은 함께 머리를 맞대고 만들어가면 된다. 필요하다면 외부 전문가의 도움을 활용하자. 시애틀의 존 요코하마 사장도, 헬스장에서 아르바이트를 하던 젊은 사장도 모두 그렇게 달려갔던 것이다.

돈 말고 직원들이 회사를
다니는 이유를 말할 수 있는가?

내가 신촌에 본사를 두고 있는 유통회사에 근무하고 있을 무렵, 회사 로비에서 후배를 만난 적이 있다.

그는 미국에서 MBA를 하고 국내 그룹 중 이름난 회사의 해외사업부에 다닌 지 몇 개월 안 된 상황이었다. 내가 근무하는 회사를 한번 방문해보고 싶다고 해서 차 한잔하러 오라고 했더니 찾아온 것이다. 이런저런 이야기를 나누던 중에 갑자기 그가 물었다.

"선배는 이 회사에 대해 프라이드 가지고 있어?"

나는 엉겁결에 "응, 있지"라고 대답했다. 그가 다시 질문했다.

"그럼 로열티도 있어?"

그래서 나는 "당연히 있지"라고 자연스럽게 대답했다. 그랬더니 그가 불쑥 내뱉었다.

"나는 지금 다니는 회사에 프라이드는 있는데 로열티는 없어."

나는 갑자기 궁금해졌다. 그가 생각하는 프라이드와 로열티의 차이가 무엇인지를. 그래서 진지하게 물었다.

"그럼 네가 생각하는 프라이드와 로열티는 어떻게 달라?"

그는 이렇게 답했다.

"프라이드는 명함 주고받을 때 안 부끄러운 거고, 로열티는 회사 이익과 내 이익이 충돌할 때 회사 이익을 먼저 선택하는 거잖아."

나는 후배가 참 쉽고도 나름대로 명확한 정의를 가지고 있는 것을 보고 깜짝 놀랐다. 그의 정의대로 나는 다니는 회사의 명함을 주고받을 때 자부심이 있었고, 회사와 나의 이익이 충돌할 때 회사 이익을 우선으로 했다. 나의 이익을 생각은 하지만 조직 안에 있을 때는 조직의 이익이 우선이라고 생각했다. 그렇지 않다면 회사를 나오는 것이 맞다고 여겼기 때문이다. 그리고 그가 프라이드와 로열티를 다 가지고 다닐 수 있기를 바랐다. 회사를 옮기더라도 말이다.

벌써 10년 전의 일이다. 그날 이후로 나는 구성원들이 프라이드와 로열티를 모두 다 가지고 일하는 조직은 어떠해야 하는지에 대해 더 많은 관심을 기울이게 되었고, 이는 자신이 일하는 이유와 회사를 선택하는 기준과 깊은 관계가 있음을 알게 되었다.

자신이 왜 일하는지를 알아야 한다

2년 전 사내에서 새로운 역할을 추가로 맡게 되면서 최근 채용된, 실무를 같이 할 두 직원을 소개받았다. 두 사람 모두 직장 경력 3년 차인 주

임급 직원들이었다. 각자 자기소개를 하고 실무 관련 소통을 잠시 한 다음 그들에게 다음과 같이 제안했다.

"두 사람에 대해서 내가 좀 더 알고 싶어서 그러는데 '자신이 왜 일하는지'를 A4용지 한 장에 적어보고 다음 주 이 시간에 이야기해 봅시다."

그들은 어리둥절한 듯한 눈빛을 보였지만, 첫 과제를 받은 것이니만큼 "네, 적어보겠습니다"라며 인사를 하고 나갔다.

바쁘게 한 주가 지나고 그들 각자가 생각해본 '일을 하는 이유'에 대해 이야기하는 시간을 가졌다. 두 사람의 이야기에는 큰 공통점이 있었다. 대학 시절부터 지금까지 계속 일을 했지만 한 번도 '왜 일하는지'에 대해 깊게 생각해본 적이 없었다는 것이다. 주로 많은 고민을 한 것은 '어떤 일을 할까?'였다고 했다.

둘 중 한 명은 제목을 '나에 대한 통찰'이라고 적었다. 왜 그렇게 제목을 잡았는지 글을 읽으면서 이해하게 되었다. 자신이 '왜 일하는지'를 떠오르는 대로 적다 보니 자신의 성향을 명확하게 알 수 있게 되었고, 또한 일에 대한 가치관도 알게 되었다고 했다.

그들이 적어온 일을 하는 이유는 경제적 윤택함만이 아니었다. 공부해온 가치를 실현하거나 자기가 추구하는 가치대로 살기 위해 일을 한다고 했다. 워라밸을 통해 안정감을 얻기 위해서이기도 하며 꿈을 실현하기 위해서 일한다고 했다. 또한 자신의 일에 대한 가치관을 정리하면서 어떤 경우에 자신이 자존감과 성취감을 가지게 되고, 어떤 경우에 과도한 스트레스를 받는지 돌아보게 되었다고 했다.

기대 이상의 좋은 시간을 보낸 것 같아서 박수를 치며 칭찬을 해주었다. 나는 그것을 읽고 함께 이야기를 나누면서 그들을 더 잘 이해할 수 있었다. 그리고 그들을 어떻게 리드해야 할지 아이디어들이 떠올랐다.

돈을 빼고 생각하면

최근 교육 관련 사업을 하는 한 중소기업에 경영자문을 나가고 있다. 한 달 정도 지난 시점에 그 회사 직원들을 상대로 '일의 의미'라는 주제로 교육을 진행하게 되었다.

교육 2주 전에 교육 대상들에게 '돈을 제외하고' 자신이 일하는 이유를 생각해서 A4용지에 적어오도록 했다. 직장생활 2년 차부터 10년 이상인 직원까지 고르게 구성된 조직이었다. 교육을 시작하면서 먼저 적어온 내용을 나누는 시간을 가졌다. 모두들 하나같이 입을 모아 답하기 어려운 질문이었다고, 한 번도 깊이 고민해보지 않았던 질문이었다고 고백했다. 그러면서도 나름대로 이 주제에 대해 생각해보는 시간을 가진 것이 좋았다고 했다.

구체적인 내용은 조금씩 달랐지만 몇몇 직원들의 표현에서 공통점을 찾을 수 있었다. 먼저 자신이 좋아하는 일, 잘하는 일을 통해 누군가를 도와주고 함께 행복하게 살고 싶다는 것, 그리고 일을 함으로써 이런 삶을 배우고 준비할 수 있으며, 자신의 강점과 약점을 찾아가는 좋은 과정이 된다는 것이었다. 한 사회의 구성원으로 작은 톱니일지라도 조금이라도 도움이 되고 보탬이 되는 데서 가치를 느낄 수 있기에 지금 일하고 있다고 했다. 참 소중하고 귀한 생각이었다.

그러나 모두가 다 그런 것은 아니었다. 어떤 직원은 아무리 생각해도 돈을 제외하고 일하는 이유를 찾을 수 없더라고 솔직하게 고백했다. 그래도 과제를 해야 하니 고심고심해서 얻은 최종 결과는 '돈 버는 법'을 배우기 위해서라고 이야기했다. 스스로도 만족스럽지는 않다고 덧붙이면서. 우리는 그 직원의 솔직함에 박수를 보냈다. 그리고 그런 이유로 오늘도 출근하고 있는 많은 직장인이 있다는 것이 우리 현실이라는 사실을 공감했다. 하지만 그것이 만족스러운 정답이 아님을 스스로가 가장 잘 알고 있다.

교육시간을 모두 마치고 그 회사 대표와 피드백 미팅을 했다. 나는 이미 그 회사의 대표가 일하는 이유를 들어서 알고 있기에 대표와 같은 생각과 철학을 가진 직원들이 회사에 많이 있다고 칭찬해 주었다. 또한 현업에서 직원들을 통해 성과를 내면서 그 생각과 철학을 현실화하는 것은 또 다른 경주이며 그것이 회사를 이끌어 나가는 대표의 주요 과업이라는 이야기를 나누었다.

회사는 학교나 교회가 아니다. 영리를 목적으로 하는 사회의 주요 경제적 기관이다. 기업이 건강하게 영속해서 존재하는 것만으로도 이 사회에 많은 도움을 준다. 기업은 일자리를 창출할 뿐만 아니라 성실한 세금 납부로 정부기관을 통해 사회의 약자들을 도울 수도 있다. 무엇보다 고객에게 새로운 가치를 제공함으로써 그들의 문제를 해결해 주고 풍성한 삶의 영역들을 제공해준다. 반대로 이익을 내지 못하면 사장만 망하는 것이 아니라 많은 이들과 사회에 악영향을 끼친다.

이처럼 사장은 아주 소중하고 중요한 역할을 맡고 있다. 더욱이 사장은 직원으로 채용한 구성원들의 재능과 강점을 활용하여 바라는 것을 함께 현실로 만드는 사람이다. 그러므로 사장이 일하는 이유와 그의 라이프스타일은 너무나 중요한 출발점이 된다. 아니, 모든 것이 된다. 사장이 됨으로써 당신은 이미 리더다. 세상을 더 밝게 빛내는 사명으로 뭉친 조직의 리더인 것이다.

직원들의 5년 후 경력개발에 대한 그림이 있는가?

스티븐 코비가 쓴 《성공하는 사람들의 8번째 습관》이라는 책에서는 어느 조사 결과를 비유해서 다음과 같이 소개했다.

한 축구팀이 있다. 경기장에서 뛰는 이 축구팀의 선수 열한 명 가운데 네 명만이 어느 쪽 골대에 골을 넣어야 하는지 알고 있다. 또한 열한 명 가운데 두 명만이 골에 대한 관심을 갖고 자기 포지션과 그 역할을 알고 있으며, 그 두 명을 제외한 모든 선수는 상대 팀과 싸우기보다는 어떤 식으로든 자기들끼리 싸우고 있다.

이게 무슨 축구팀일까? 상상도 할 수 없지 않은가?

위 비유의 원전은 해리스여론조사소(Harris Poll)로 유명한 해리스인터랙티브와 프랭클린코비사가 공동으로 진행한 어느 조사다. 그들은 풀타임으로 일하는 미국인 2만 3,000명을 대상으로 조직의 핵심목표 실행능력을 평가하는 조사를 실시했다. 책에 실려 있는 조사 결과 중 몇 가지만 소개하면 다음과 같다.

- 37퍼센트만이 조직이 무엇을 왜 달성하려고 하는지 분명하게 안다고 말했다.
- 5명 가운데 1명만이 팀과 조직의 목표에 대해 열의를 갖고 있었다.
- 5명 가운데 1명만이 자신의 업무가 팀과 조직의 목표와 일치한다고 답했다.
- 15퍼센트만이 조직이 핵심목표를 수행할 수 있을 만큼 충분히 지원하고 있다고 생각했다.
- 10퍼센트만이 조직이 사람들에게 결과에 대해 책임을 지게 한다고 생각했다.

누구도 이런 회사의 사장이고 싶지 않을 것이다. 지금, 당신의 회사는 어떤가?

"CDP가 뭐예요?"

최근 몇 분의 중소기업 대표들과 담소를 나누다가 회사 업무에 몰입하지 못하는 직원들 이야기가 나왔다.

"어떻게 하면 직원들이 일에 집중하게 할 수 있을까요?"

"사장님, 혹시 그 직원들 CDP(career development program)가 있나요?"

"CDP가 뭐예요?"

"경력개발프로그램이라고도 하는데, 직원의 장기적이고 계속적인 경력 개발을 지원하거나 촉진하는 프로그램을 말해요."

"그런 건 대기업에서나 하는 거잖아요. 우리처럼 작은 기업에서는 내년 도 어떻게 될지 모르는데……."

"그러니까 직원들이 일에 집중을 못 하는 것은 아닐까요?"

당장 내년에 회사가 어떻게 될지 몰라서 직원들의 계속적인 성장 에 관심이 없는 사장이라면 과연 어떤 직원들이 함께 신명 나게 일을 하 려 하겠는가? 물론 대기업처럼 인사부서에 여러 명을 두면서 진행하는 CDP까진 필요 없다. 하지만 직원들이 출근할 때나 퇴근할 때 스스로에 게 자문하게 되는 다음 질문에 대답할 수 있도록 회사 차원에서 함께 노 력해야 한다.

"내가 왜 이 회사를 다니지?"

"내가 계속 다녀야 하는 이유는 뭘까?"

아무 생각 없이 다니는 직원들이 있다면 그들은 논외로 하자. 대부분 의 직장인은 자신의 미래에 대해 걱정이 많다. 회사뿐만 아니라 그 누구 도 자신의 미래를 보장해주지 않는다는 사실을 이미 잘 알고 있기 때문이다. 다니고 있는 회사 내에서 발전 가능성이 없다고 판단되면 빨리 스펙을 쌓아 더 나은 조건의 직장으로 이직하려 하거나 개인 창업을 준비하려고 한다. 자연스럽고 당연한 이야기다. 이런 자신만의 계획이 분명히 있는 직원이라면 그나마 다행이고, 대화할 가치가 충분하다.

그럼 어떻게 해야 할까?

최근 한 사장과 이와 관련된 프로젝트를 진행하고 있다. 그 프로젝트에서는 다음 3단계의 과정을 계획해서 실행하고 있다.

1단계: 회사 내의 개인 비전 수립하기

직원 스스로 개인 사명과 비전을 수립해보게 하는 것이다. 그리고 회사의 사명과 비전 안에서 실현할 수 있는 부분들을 스스로 찾아보게 한다. 그래서 회사 내에서 3년 또는 5년 후의 자신의 바람직한 미래모습(To-Be Image)을 구체적으로 그려보게 한다. 이를 위해 회사가 먼저 3년 또는 5년 후의 비전이 그려져 있어야 한다.

2단계: 개인별 내년 목표와 필요역량 도출하기

그 바람직한 미래모습을 사장과 공유하며 그와 연관된 다음 해의 기대하는 모습을 구체적으로 그려보게 하는 것이다. 그리고 이를 회사의 성과목표와 연계하는 과정을 사장과 함께 논의하게 한다. 이것을 위해 먼저 올해를 입체적으로 돌아보는 시간을 가지게 한다. 개인별로 세운 목표와 결과에서 발견된 차이와 그 원인을 '5 WHY 질문법'으로 깊이 있게 돌아볼 수 있도록 돕는다.

'5 WHY 질문법'은 토요타 사장이었던 오노 다이치가 문제에 부딪혔을 때 '왜?'를 다섯 번 반복하면 진짜 원인을 알 수 있고 진짜 대책을 세울 수 있다면서 근본적 원인의 실마리를 찾기 위해 늘 사용한 질문법이다. 이를 통해 발견된 근본 원인을 해결할 방법에 대해 사장과 함께 생각해 보고 내년의 성과목표와 이를 달성하는 데 필요한 지식과 필요한 역량들을 서로 이야기하며 이를 개발할 자기계발 영역과 회사 지원 영역을 토의하며 결정한다.

3단계: 정기적 평가 피드백

합의해서 세운 목표를 정기적으로 평가 피드백하며 함께 학습하고 바른 결론을 내리기 위해 토의하는 과정이다. 이 과정을 거치면 직원의 실력과 일을 대하는 태도가 드러나는데 이때 부족한 부분들을 함께 토론하고 스스로 생각하는 방식을 바꿀 수 있도록 지도해야 한다.

회사 규모가 크다면 사장이 이 과정을 모든 직원과 직접 할 수는 없다. 그러나 팀장급 이상과는 반드시 사장이 직접 진행하기를 권한다.

직원을 회사의 매출과 수익을 올리는 단순한 도구로만 여기는 사장에게는 이 모든 과정이 짐이 될 수밖에 없다. 이런 에너지를 투입할 거라면 차라리 좀 더 높은 연봉을 주더라도 이미 잘 준비된 인재들을 뽑아 일을 시키면 되지 않을까 생각할지도 모르겠다. 그런데 과연 그 방법이 잘 먹힐지 어떨지는 비싼 값을 지불하면서 배우게 될 것이다. 실제로 우리 주위에 그런 사례가 많다.

일은 '사람'이 한다. 성과를 내려면 '일'에 몰입해야 한다. 그렇다면 사람이 어떤 경우에 일에 몰입하게 되는지 충분히 이해하는 사장과 그렇지 못한 사장은 전혀 다른 방식의 인사를 행할 것이다. 그렇기에 사람을 어떻게 이해하고 관계 맺는지에 대한 사장의 라이프스타일이 조직문화가 되고, 사장의 라이프스타일이 곧 그 조직문화의 경쟁력을 결정하게 되는 것이다.

9장

사장, 인생의 학교
교장으로 살기

성장하는 회사의 직원들은 사장을 사랑하며 닮아간다. 신입 직원들은 사장을 닮아가는 선배들을 또 사랑하며 닮아간다. 직원은 사장의 마음대로 일하지 않고 사장이 하는 행동을 보고 따라 일한다. 그래서 사장의 태도가 중요하다.

직원은 사장의 말이 아닌
등을 보고 자란다

회사에 너무 출근하고 싶어서 일요일 저녁 가슴이 두근거린 적이 있는가? 혹은 직장 동료와 같이 만나 일하고 싶어서 주말이 빨리 지나가기를 기다린 적이 있는가? 대체 무슨 소리를 하냐고 생각할지도 모르겠지만 이는 실제로 있을 수 있는 일이다. 창업한 사장이라면 더욱 그런 경험이 있을 것이다.

그렇다면 직장인은 어떨까? 그런 일은 절대 있을 수 없다고 생각할 것이다. 오히려 '에이, 설마 그런 사람이 있겠어?'라며 의아해할 것이다. 사장은 자신의 직원들이 그러기를 마음속으로 너무너무 바라지만 현실에서는 있을 수 없는 이상향이라 생각할 것이다. 정말 그럴까?

26년 전, 나는 서울 양평동에 사무실을 둔 한 직장을 다니고 있었다. 일요일에 교회를 다녀오고 나서 너무너무 회사에 가고 싶어서 안달을 냈다. 혹시 여자친구가 같은 직장에 다니기 때문이라고 오해하지는 마시라. 당시 결혼을 약속한 여자친구는 지방에서 직장을 다니고 있었다. 내가 미쳤기 때문도 아니었다. 당시 나만 그런 게 아니라 같은 회사를 다니던 선후배, 동기들이 대부분 다 그랬다.

내 말이 거짓말이 아니라는 사실은 아내가 잘 안다. 첫째는 회사를 다니는 내 모습을 직접 목격했고, 둘째는 직장 동료 가족들 모임에서 다른 직원들의 아내들을 통해 쉽게 확인할 수 있었기 때문이다. 월급을 엄청나게 많이 주는 것도 아니었다. 당시 중견기업으로 성장하려 한창 애를 쓰고 있는 상황이었기에 월급 역시 중소기업 수준이었다. 그렇다면 무엇이 이런 미친 모습, 아니 이상적인 모습을 만들었을까?

내 인생, 사장에게 빚졌다

나는 선후배와 동기들과 일하는 것이 즐겁고 행복했다. 그렇다고 고상한 일을 한 것도 아니었다. 폭격을 맞은 것처럼 일부가 부서진, 창고 같은 공간을 사무실과 창고 겸용으로 사용하며 일했다. 그래서 먼지를 뒤집어쓰고 10명이 붙어야 들 수 있는 청바지 원단을 나르고, 러닝셔츠 바람으로 제품들을 박스에 분배하여 포장하고 출고시켰다. 남녀 구분이 없었다. 땀 냄새나는 그대로 책상 앞으로 달려가 매장 사장들의 주문 요구를 전화로 받고 해결하는 북새통에서도 서로 늘 웃고 즐거웠다. 우리가 하는 일이 의미 있고, 가치 있는 일에 기여한다는 신념과 동지애가 가득했기 때문이다. 무엇보다도 우리를 이렇게 움직이게 만든 것은 정직하게 비즈니스해도 성공한다는 것을 세상에 보여주자는 사장의 신념과 경영철학에 모두 한마음이었기 때문이다.

그 당시 우리 사장은 매주 토요일 오전 7시부터 8시 반까지 전 직원 대상으로 '토요 강의'라는 강의를 했다. 그때는 주 5일 근무가 아닌 시절이기에 토요일은 오후 4시까지 근무했다. 회사의 역사, 추구하는 정신, 꿈꾸는 비전, 자기 관리에서부터 미래 준비, 건강한 생활 습관에 이르기까지 주제는 다양했다. 학교에서는 들을 수 없는 매우 현실적이면서도 도전적인 내용들이었다. 개념전달을 넘어 행동을 촉구하는 동기 부여 교육이었다.

무엇보다 그는 솔선수범했다. 사장은 새벽 5시 이전에 출근해서 기도실에서 기도 30분, 아침 개인학습 2시간 이상을 한 후 언제나 사장실이 있는 8층까지 엘리베이터를 타지 않고 한 계단씩 걸어서 사무실로 갔다. 더욱이 아침 청소 시간에 직원들과 함께 화장실 청소도 했다. 언행일치를 보여준 것이다. 꿈과 비전을 가지고 자신을 철저히 관리하며 도전하는 그의 모습이 선배들에게도 전수되었고 그를 닮은 선배들이 늘 우리와 함께했다. 존경하는 어느 선배의 고백을 나는 아직도 잊지 못한다.

"내 인생, 사장에게 빚졌다."

그녀는 작년 봄까지 시가 7,000억 원 규모의 사업부를 이끄는 대표였다. 신입 직원으로 입사해서 그 자리에 오르기까지 모든 것을 사장에게 배웠다고 고백했다. 잘나갈 때도 있었고, 한직으로 밀려나 있을 때도 있었지만, 경영자로서 알아야 할 모든 것을 배울 기회와 가르침을 얻은 것이 다 그 사장 덕분이라는 것이다. 그녀의 눈빛에서 진심을 읽을 수 있었다.

돌아보면 나 또한 그러하다. 지금도 아침 일찍 일어나는 습관, 복도에 떨어진 휴지를 보는 즉시 줍는 습관, 그리고 어딜 가든 짬이 날 때 읽을 책 한 권을 늘 가지고 다니는 습관을 갖게 되었다. 그리고 웬만한 높이는 엘리베이터를 타지 않고 걸어서 올라간다. 한 계단 한 계단씩. 사장이, 선배들이 내게 선물해준 좋은 성공 습관들이다.

서로 닮는 사장과 직원

이런 경험들은 성장하는 회사에서 지금도 일어나고 있다. 나는 최근 성공적으로 성장한 한 강소기업의 젊은 임원과 그 회사의 본부장, 두 사람을 인터뷰했다. 내 질문에 임원은 아래와 같이 대답했다.

> "무엇이 당신을 그토록 열심히 일하게 하나요?"
>
> "사장과 선배들이 늘 이렇게 일했어요. 그래서인지 일은 다 이렇게 한다고 생각했어요."
>
> "그렇게 일하다 보면 한계를 느끼거나 지칠 때가 있잖아요. 어떻게 이겨내나요?"
>
> "첫째는 가장으로서의 책임감이고, 둘째는 계속되는 도전 속에 성취를 경험케 해주는 사장의 모습입니다. 그 모습에 신뢰가 가더라고요."
>
> "사장에게 무엇이 가장 고마운가요?"
>
> "내가 이렇게 살면 안 되겠구나! 하는 깨달음을 주었어요. 그리고 도전할 기회를 주고 기다려 준 것이오."

나중에 그 회사 사장을 만나 물어보았다.

"지금 리더 자리에 있는 직원들과 어떤 시간을 자주 가졌나요?"

"기회 있을 때마다 같이 먹고, 같이 자고, 같이 일하고, 같이 놀았어요. 손에 잡힐 듯한 미래를 이야기하면서. 그리고 두 배로 같이 일했습니다. 남들보다 가진 것이 없었기에."

"사장 스스로도 감당하기 힘들 때가 많지 않나요? 어떻게 해결했나요?"

"저는 매일 아침, 거울 속 저를 보고 '포기하지 말자'라고 스스로를 격려했어요. 그리고 동료들을 보호하기 위해서라도 더 열심히 일하겠다고 다짐했어요."

이 회사를 방문할 때마다 늘 느끼는 것이지만, 사장과 리더들이 파이팅이 넘치고 서로 많이 닮았다는 생각이 든다.

서로 사랑하면 닮는다고 하지 않던가. 성장하는 회사의 직원들은 사장을 사랑하며 닮아간다. 신입 직원들은 사장을 닮아가는 선배들을 또 사랑하며 닮아간다. "내 인생을 빛졌다"고 고백할 수 있을 만큼 닮고 싶은 것이 많은 사장이 더욱 많아진다면 이 얼마나 멋진 일인가.

예로부터 '자식은 부모의 등을 보고 자란다'는 말이 있다. 자식은 부모의 마음대로 자라주지 않는다고 한다. 그저 부모가 하는 행동을 보며 따라 할 뿐이라고 한다. 같은 원리다. 직원은 사장의 마음대로 일하지 않고 사장이 하는 행동을 보고 따라 일한다. 그래서 사장의 태도가 중요하다. 그의 삶과 언행이 회사 또는 조직의 정신과 문화를 만들고 미래를 만들기 때문이다.

잊을 수 없는
추억을 선물하라

나는 매일 뒷산을 오른다. 요즘은 한창 단풍철이라 산행이 더욱 즐겁고 행복하다. 울긋불긋한 나뭇잎들에 둘러싸여 낙엽을 밟고 있으니 오래전, 잊을 수 없는 영업부 가을 MT가 기억난다.

회사를 다닌 지 6년 차 정도 되던 해였다. 나는 영업부 팀장을 맡고 있었다. 영업부는 전국에 200여 개가 넘는 매장을 관리하고 있었고, 당시 매장 리뉴얼 프로젝트가 한창 진행 중이었다. 브랜드 콘셉트가 변경되어 그에 따라 매장 리뉴얼을 진행해야 하는데, 매장주 부담을 최대한 줄이기 위해 외부업체에 맡기지 않고 영업부 전 직원들이 직접 매장 리뉴얼 작업을 진행하기로 했다.

사람이 꽃보다 아름다워

업무는 밤에 시작되었다. 매장 영업이 종료되는 밤 10시에 매장에 집결해서 매장 상품과 집기류를 모두 매장 밖으로 옮겼다. 그리고 가지고 간 도구들을 이용해서 내부 인테리어를 뜯어내고 새 인테리어로 바꾸었다. 이후 다시 상품과 집기류를 매장으로 옮긴 후 다음 날 오전 10시 전까지 디스플레이와 매장 청소를 마쳐야 했다. 하루라도 매장 영업에 방해를 주면 안 되기 때문이었다. 꼬박 12시간, 밤샘 작업을 했다. 그리고 함께 아침을 먹고 퇴근한 후 다음 매장 작업을 위해 휴식을 취했다.

한 번은 입사 1년 차인 직원이 밤샘 작업 중 행방불명되는 작은 소동이 일어났다. 한 시간 넘도록 모습이 보이지 않았던 것이다. 발을 동동거리며 이곳저곳을 찾아다니던 중, 한 팀원이 어이없다는 듯 그녀를 찾아서 데리고 왔다. 매장 안에 있는 피팅룸 안에서 쪼그리고 잠들어 있더라는 것이다. 여러 매장을 작업해 가면서 팀원들도 지쳐 갔던 것이다.

그렇게 길고 힘든 매장 리뉴얼 프로젝트는 잘 끝났다. 이후 회포를 풀 겸해서 영업부 직원이 모두 서울에 있는 광림 수목원 근처 펜션으로 MT를 갔다.

단풍이 한창 물든 가을이었다. 1박 2일 일정이었는데, 첫날은 광림 수목원 안에서 가을을 그냥 즐기는 것이었다. 다만 저녁에 백일장을 할 예정이니 시나 시조, 수필, 편지, 일기, 노래 등 장르에 상관없이 작품을 하나씩 만들어 와야 했다. 나는 시조 한 편을 지었다.

저녁을 맛있게 먹고 난 후 캠프파이어 장소에 불을 지피고 모여 앉았다. 시인을 꿈꾸는 선배 한 명이 사회를 보며 시작된 백일장은 우리 모두를 놀라운 시간으로 인도했다. 첫 주자는 막 들어온 막내였는데 그녀는 대학가요제 예선에 나간 경력을 가지고 있었다. 낮 시간동안 하늘이 내려 준 가을의 선물을 풍성히 받은 상태여서 그랬는지, 지난 몇 달 동안 전국을 돌며 함께 수고한 동료애 때문인지 그녀의 노래가 가슴 깊이 울리면서 우리 모두의 노래가 되었다. 이어 선후배, 동기들의 시와 시조 등 다양한 작품들이 읊어지면서 가을밤은 정겨움으로 깊어갔다.

그러던 중 우리 모두를 울게 한 작품이 등장했다. 그동안의 힘듦에 대한 고백, 그리고 그 안에서도 선후배 동료들이 있어 많은 위로와 격려가 되었다는 내용을 담은 짧은 수필 한 편이었다. 그 작품의 주인공은 피팅룸에서 잠들어 선배들을 걱정 속으로 몰아넣었던 바로 그 직원이었다.

그날 밤 우리는 소중한 동료애를 다시금 확인하고 가슴 깊이 새길 수 있었다. 그날 그 수필을 아내에게 보여주고 싶다고 그녀에게 말했다. 나의 직장생활이 얼마나 보람된지, 어떤 동료들과 일하고 있는지를 아내와 나누고 싶어서였다. 그녀는 부끄러운 듯 잠시 주저하다가 수필을 건네주었다. 훗날 그녀는 다시 국문학을 전공해서 국어 선생님이 되었는데, 지금도 아내와 나는 그녀를 그리워한다.

'사람이 꽃보다 아름다워'란 노래가 있다. 내가 참 좋아하는 노래 중 하나다.

> 지독한 외로움에 쩔쩔매본 사람은 알게 되지
> 음, 알게 되지
> 그 슬픔에 굴하지 않고 비켜서지 않으며

어느결에 반짝이는 꽃눈을 달고

우렁우렁 잎들을 키우는 사랑이야말로

짙푸른 숲이 되고 산이 되어 메아리로 남는다는 것을

누가 뭐래도 사람이 꽃보다 아름다워

그 가을 MT는 '사람이 꽃보다 아름답다'는 숨겨진 진리를 온몸과 마음으로, 더욱이 나 혼자가 아닌 동료 모두와 함께 느끼게 해주었다. 일에 파묻혀있을 땐 볼 수 없었던 선배, 동기 그리고 후배들은 아주 소중한 재능과 감성을 가진 멋진 사람, 아름다운 사람들이었다. 그리고 이 경험은 내가 리더로서 팀 또는 사업부를 맡아 일할 때, 동료들을 일하는 데 필요한 자원으로 대하지 않고 독특한 재능을 가진 파트너로 존중하며 이끌 수 있게 했다.

잊지 못할 추억을 선물하라

어느 해였던가 출근해서 오전 근무를 하고 있는데 누군가가 "눈이 내려요. 첫눈이 내려요!"라며 들뜬 목소리로 사무실 안으로 뛰어들어왔다. 그해 첫눈이 내렸던 것이다. 그런 중에 사내방송이 울렸다.

"전 직원은 지금 즉시 하던 업무를 마무리하시고, 퇴근 준비를 해주십시오."

"와!", "진짜야?" 이곳저곳에서 탄성이 들려왔다. 예상치 못한 이벤트였다. 그날 전 직원들은 회사를 나서며 흰 봉투를 하나씩 받았다. 안에는 만 원짜리 지폐 한 장이 들어 있었다. 퇴근해서 가족 또는 동료와 좋은 추억을 만들라고 준 것이다.

나는 회사 문을 걸어 잠근 그 첫눈 내린 날을 평생 잊지 못한다. 일을 안 해서 고마운 것이 아니라 직원들의 마음까지 살펴주는 회사와 사장님의 배려가 나를 감동시킨 것이다. 회사는 내게, 그리고 동료들에게 이런 곳으로 다가왔다. 매년 첫눈이 내린다. 매번 조기퇴근을 한 것은 아니다. 어떤 해는 전 직원이 따뜻한 호빵을 나누며 일에 매진하기도 했다. 그러나 첫눈이 내리는 날이면 늘 회사를 더 생각하게 되는 것은 나만이 아니었다.

나는 회사 덕분에 겨울 시즌에 처음으로 스키장이란 곳도 갔다. 태어나서 처음으로 스키를 배운 것이다. 또한 처음으로 해발 1,708미터의 설악산 최고봉인 대청봉의 겨울 등정도 동료들과 함께했다. 그렇게 회사는 나에게 새로운 세계를 경험할 수 있게 했다.

무엇보다 기억에 남고 20여 년이 지난 지금도 옛 동료들을 만나면 단골메뉴처럼 등장하는 겨울 스토리가 하나 있다. 당시 소속된 회사는 그해 도전적인 매출 목표를 세우고 매진했다. 그 목표를 달성하면 포상으로 전 직원 일본 연수를 갈 수 있었다.

그런데 12월 한 달을 남겨두고 달성할지 못할지가 간당간당했다. 그 어떤 직원도 포기하고 싶지 않았다. 그래서 모든 부서가 한 주씩을 빼서 영업부를 지원하기로 했다. 직원 두 명씩 조를 지어 원하는 매장에 가서 사계절 상품 특판행사를 진행하는 것이었다.

그렇게 고객 전화상담을 하던 직원과 구매부 내근 업무를 하는 직원이 짝을 이루어 경남 진해에 있는 매장으로 특판지원을 갔다. 매장 앞에

행사 매대를 깔고 "세 장 만원입니다"라고 외치며 반팔 러닝셔츠를 팔았다고 한다. 탬버린을 치면서 말이다. 그때 눈이 내렸다고 한다. 안쓰러워서 그만하고 매장 안으로 들오라고 해도 방긋 웃으면서 매장 밖에서 휘날리는 눈발을 맞으며 손님을 맞이하더라고 매장 사장님이 본사에 알려왔다. 당시 모든 직원이 그랬다. 한마음으로 말이다. 덕분에 우린 매출 목표를 달성했고 다음 해 모두 일본 연수길에 올랐다.

그뿐만이 아니다. 1,000원짜리 지폐 한 장씩을 나눠주며 이 돈을 오늘 하루 동안 각자 아이디어를 내서 사회에 환원하고 돌아오라는 교육 훈련을 받던 날, 한적한 곳에 가서 아무 말도 하지 않고 자신의 업무와 성장에 필요한 책 5~6권을 하루 종일 읽는 1일 독서 MT를 간 날, 해외 출장이라는 이름으로 생전 처음 미국에 갔는데 일주일 내내 패스트푸드만 먹으며 시간 아껴서 시장조사에만 매달렸던 시간들, 브랜드 콘셉트를 소화해야 한다며 카우보이 복장으로 출퇴근한 날, 매장 사장님들을 모신 자리에서 브랜드 패션쇼 모델로 서던 날 등등.

첫 경험은 평생을 간다. 그 첫 경험을 누구와 함께했는가가 평생 기억에 남는다. 나는 그 경험을 통해 성장했고 성숙해져 갔다. 비즈니스의 역량만 배운 것이 아니라 꽃보다 아름다운 사람이 되는 법도 배웠다.

당신에게는 이런 이야기를 나누는 동료가 있는가? 당신의 회사 직원들은 이런 나눔 가운데 외로움과 어려움을 이겨내고 서로에게, 고객들에게 짙푸른 숲과 산이 되는 자신과 동료를 발견하고 있는가?

이런 첫 경험을 줄 수 있는 아주 소중한 자리가 바로 직장생활이다. 그리고 사장인 당신은 이 모든 것을 창조하는 예술가이자 인생학교의 교장이다.

　내가 경영자문을 맡고 있던 어느 회사 직원이 내게 이런 이야기를 한 적이 있다.

　"저는 회사 사장님 덕분에 평생 처음으로 적금을 들었어요. 그런데 이것이 제겐 큰 변화를 가져오는 계기가 되었어요."

　나는 이런 류의 고백들을 성장하는 회사의 직원들을 통해 자주 듣는다. 당신의 회사에서도 꽃보다 아름다운 사람들의 성장과 고백들이 넘쳐나기를 기대한다.

평생에 유익할 핵심 습관을
기르도록 촉진하라

내가 입사해서 처음 근무하게 된 사업부는 청바지와 캐주얼복을 판매하는 브랜드였다. 8개월 정도는 재고 판매부서에서 근무하다 생산관리부로 배치받았다. 주된 업무는 생산 거래처를 선정하고, 원재료와 부자재를 공급해서 임가공(일정한 값을 받고 물품을 가공하는 일) 생산관리를 진행하는 것이었다.

"상용 씨, 내일 도시락 싸오세요."

생산부서장인 선배가 거래처 사장에게 나를 신임 담당으로 소개하러 가기 전날, 퇴근하며 던진 말이었다. 다음 날 아침, 회사에 출근해서 사무 업무를 짧게 마치고 부서장과 외근길에 올랐다.

성수동에 있는 편직 공장과 면목동에 있는 봉제 공장을 방문하는 일정이었다. 양평동 사무실에서 출발해서 성수동에 가니 벌써 점심시간이었다. 부서장은 거래처 근처 놀이터에서 함께 도시락을 먹자고 했다.

당시 우리 회사에는 도시락 문화가 있었다. 점심시간 1시간 중 30분은 밥 먹고, 나머지 30분은 자기계발 시간을 가지는 것이 조직문화였다. 거래처를 방문하는 외근도 예외는 아니었다. 근처에서 양치질까지 마치고 편직 공장에 들어섰다. 거래처 사장은 새로운 생산 담당이 온다고 점심도 안 먹고 기다리고 있었다. 부서장이 우리는 먹고 왔다고 하니 너무 섭섭하다고 했다. 점심값이 얼마나 된다고, 그것도 첫 담당과의 만남인데 너무한 것 아니냐고 말이다.

나의 거래처 사장과의 만남은 그렇게 시작되었다. 그것이 수년간 거래처 관리의 기본이 되었다. 나중에 알게 된 사실이지만 생산 오더 권한을 담당자가 가지기 때문에 바람직하지 않은 일들이 많이 일어난다는 것이었다. 부서장도 자기 선배에게 그렇게 배웠고, 바로 그 자기 선배가 지금은 회장이 된 당시 사장이었다.

거래처 사장과 부정직한 관계로 인연을 맺게 되면 좋은 시절에는 괜찮아 보이지만 상황이 바뀌면 원수 이상의 관계가 되고 회사뿐만 아니라 자신에게도 큰 손해를 일으킨다는 것이다. 이런 정신은 직책이 올라가고 나에게 더 큰 권한이 주어질 때 더욱 중요한 기준이 되었다.

계열사인 유통회사 지점 관리자가 되었을 때는 그 중요성을 더 크게 느끼게 되었다. 브랜드 입점과 퇴점에 대한 많은 영향력을 가진 자리이기에 업계 관행을 빌미로 유혹의 손길이 오곤 했다. 나는 그때마다 그 놀이터 도시락 점심시간과 그 선배를 기억했다.

필독서 읽기로 역량 기르기

당시 다니던 회사에는 필독서 리스트가 있었다. 독서광이었던 사장이 먼저 읽어보고 유익한 도서들을 직원들에게 추천하는 방식이었다. 직원 대부분이 젊어서 경영 현장의 경험과 지식의 부족함을 절감한 사장이 직원 성장을 위해 선택한 방법 중 하나였다.

300여 권이 넘는 이 필독서 리스트에는 스피릿, 자기계발, 역사 교훈, 협상 등의 베이직 영역과 경영원칙, 재무관리, 조직관리 등의 경영관리 영역을 비롯해 변화관리, 지식경영, 성장과 전략, 미래경영 등의 혁신 영역과 세일즈, 마케팅 원칙, 브랜딩, 로열티 경영 등으로 구분되는 마케팅 영역의 책들이 있었다.

회사는 직원들에게 신입사원 시절부터 필독서 읽기를 권장했고 관리자로 성장하려는 사람에게는 일 년에 50권 정도는 읽어야 한다고 강조했다. 거의 매주 한 권씩 읽어야 하는 분량이었다. 일이 많기로 소문난 회사에서 언제 시간을 내어 다 읽으라는 소리일까 의구심이 들었지만 선배들의 모습에서 그 해답을 찾을 수 있었다.

대부분의 추천도서가 250페이지에서 300페이지 정도이니 한 시간에 30페이지를 읽는 사람에겐 한 권을 읽는 데 8~10시간 정도가 필요하다. 선배들은 어디를 가더라도 가방에 꼭 책 한 권씩을 넣고 다녔다. 그러면서 출퇴근 시간과 외근 시간에 대중교통을 이용하며 책을 읽었다. 당시는 스마트폰조차도 없었기에 지하철 안은 신문을 보거나 잡담을 하거나 조는 사람들이 많았는데, 선배들의 그런 모습이 내겐 큰 동기부여가 되었다.

경기도권에서 서울 마포구 본사로 출근하는 나의 평균 출퇴근 시간은 3시간이 넘었다. 선배들을 본받아 시작한 필독서 읽기는 내게 너무도 소중한 지적 훈련 시간이었다. 이때 읽은 책들은 내게 사람과 사업을 이해하는 통찰과 생각하는 힘, 그리고 경영자 마인드를 기를 수 있게 해주었다.

시간이 흘러 사업부 책임자가 되었을 때 직원들과 제일 먼저 함께한 활동도 아침 독서모임이었다. 직원들의 의식을 고객관점으로 바꾸고 목표 달성을 위해 통일된 언어로 소통하는 데 독서모임은 큰 도움이 되었다.

수십 년이 지난 지금도 나는 늘 가방에 책을 넣고 다닌다. 그리고 경영자문을 하는 회사의 사장과 직원들에게 이 필독경영의 위력을 나누고 있다.

계단으로, 한 번에 한 칸씩

경영자문 일로 거래처를 방문하면 나는 엘리베이터보다 계단을 걸어 올라가곤 한다. 지난 20년간 첫 직장에서 몸에 밴 습관 때문이다.

신입 사원 시절, 3개월의 교육 기간이 있었다. 신입 교육을 받는 교육장은 9층이고 출근 시간은 오전 6시 30분이었다. 엘리베이터는 무거운 짐을 옮기거나 손님을 모실 때를 제외하고는 타지 말고 계단을 이용하도록 교육받았다. 계단을 오를 때도 한 번에 한 칸씩 오르게 했다. 이 또한 기본기를 하나씩 하나씩 제대로 익히려는 마음가짐을 갖게 하려는 교육과정이었다.

이것이 교육 기간에만 하는 교육과정이 아니라는 사실을 나중에 알았다. 당시 사장은 8층에 근무했는데, 사장도 계단을 걸어서 출근한다는 것이었다. 출근뿐만 아니라 모든 수직 이동에는 손님과 동행하지 않는 이상 엘리베이터를 이용하지 않는다고 했다. 기본기, 초심을 지키는 것은 결심이 아니라 계단을 걸어 올라가는 행동 습관이었다.

도시락을 통한 정직, 필독서 읽기로 역량 기르기, 한 계단씩 걸으며 곱씹는 기본기 등 비즈니스 현장에서 쉽게 눈에 보이지는 않지만 너무나도 중요한 핵심 습관들을 나는 첫 직장에서 모두 배웠다. 매출 두 배 올리기, 무조건 수익 나는 구조 만들기, 오래된 브랜드 리포지셔닝하기, 시스템으로 일하기, 경쟁력 있는 유통 MD 구성 등 돈 되는 지식과 기술도 많이 배웠지만 미소, 인사, 정직, 원칙 중시, 독서, 고객 중시, 성과 지향, 도전, 팀워크, 내실 등 평생을 사는 데 너무도 중요한 핵심 습관들을 직장에서 배웠다. 선배들에게서 배웠고, 사장에게서 배웠다.

이렇게 배운 것을 지금 가정에서는 자녀들에게, 일터에서는 도움을 요청하는 사장과 그 회사 직원들에게 다시 흘려보내고 있다. 얼마나 보람되고 흥분되는 일인가? 당신의 회사에서도 가능하리라 본다. 사장인 당신으로부터 시작되는 것이다.

10장

사장, 당신이 미래의
절실한 대안이다

사장은 월급을 주는 사람이 아니다. 사장은 '월급은 만족한 고객이 준다'라는 사실을 현실 직시하도록 고객 관점을 가르쳐주는 사람이다. 그 사장은 바로 당신이다. 그렇기에 당신은 미래의 소중한 대안이다.

질 좋은 일자리를 제공하는
사장이 필요하다

1988년 가을, 나는 논산훈련소에 입소했다. 얼마간의 신병 훈련을 마친 후, 밤 열차에 실려 어디론가 보내졌다. 이 년 넘도록 근무하게 될 부대에 배치되고 있었던 것이다. 깊은 밤에 도착한 곳은 휴전선 부근의 보충대였고, 그렇게 나는 철책선이 있는 최전선에서 근무하게 되었다.

전방 부대는 시설이 좋지 않았다. 청소를 하려면 매일 대걸레를 메고 막사에서 한참 떨어져 있는 인근 시냇가로 걸어가야 했다. 자연보호를 중시하는 요즘 시각에서는 해서는 안 될 일이었지만 당시에는 흐르는 강물에 대걸레를 빨며 동기생과 잠시 여유 시간을 갖곤 했었다.

맑은 물을 계속 흘려보내라

그 시냇가에서 한 가지 눈길을 끄는 것이 있었다. 시냇가 가장자리 한구석에 작은 웅덩이를 만들어서 더러워진 걸레를 빨면 그 웅덩이는 바로 더러워지는데 조금 지나면 곧 맑은 물이 끊임없이 흘러들어와 금세 그 웅덩이를 깨끗하게 만드는 것이었다.

물이 고여 썩은 곳을 깨끗하게 정화하려 할 때 다들 그 썩은 물을 직접 퍼내려고 한다. 그런데 이 방법은 노력이 많이 들어가는 반면 완전히 깨끗해지지는 않는다. 그러나 만약 맑은 물을 계속 흘러보내 준다면 시간은 좀 걸리겠지만 흘러들어온 물이 고인 더러운 물을 밀어내 결국 깨끗한 물로 가득 차게 된다. 이 작은 경험은 내게 좌우명 하나를 선물해주었다.

고인 물은 반드시 썩기 마련이다. 그러나 맑은 물을 계속 흘려 보내준다면 시간이 해결해 준다.

그날 이후 나는 인생에서 어려운 과제를 만날 때마다 이 좌우명을 읊조리며 계속 '흘려보내야 하는 맑은 물'에 주목하게 되었다. 개인의 문제나 조직의 문제를 해결할 때 이 관점은 매우 유익한 해결책을 가져다주었다.

부정적인 생각이나 어려워진 사람과의 관계를 그냥 내버려두면 더 곪아서 원치 않는 방향으로 빠져버린다. 하지만 긍정적인 생각이나 정직한 소통, 감사의 말 또는 칭찬을 의식적으로 조금씩이나마 중단하지 않고 계속 흘려보내면 비록 시간은 걸리지만 곧 회복이 되는 경험을 자주 하곤 했다.

나는 이것을 우리 사회에 적용해보고 싶어졌다. 현재 청년실업, 저출산, 저성장으로 이어지는 악순환이 가속화되고 있다. 정부에서, 국회에서 다들 머리를 싸매며 정책과 법률을 내놓고 있지만 여전히 역부족이다. 이런 문제를 해결하기 위해 계속 흘려보내야 하는 맑은 물은 무엇일까? 나는 '무에서 유를 만들어 내는 기업가적 마인드를 가진 사장'이 바로 그 맑은 물이라고 생각한다.

사장, 당신이 대안이다

자신과 자기 회사 하나 챙기기도 어려운 판에 무슨 나라의 미래까지 걱정할 여유가 있겠냐고 반문할 수도 있다. 하지만 이는 사장들에게 나라의 미래를 위해 다른 헌신을 기대한다는 뜻이 아니다. 내가 말하고 싶은 핵심은 이것이다.

절대 포기하지 말고 성공하라. 당신의 성공이 당신만의 성공이 아니라 이 나라에 절실하게 필요한 성공임을 꼭 기억해달라. 사장, 당신이 미래의 대안이다.

사업 현장에서는 매일매일, 매 순간 포기하고 싶은 이유가 넘쳐난다. 이 책을 읽고 있는 지금이 그 순간일 수도 있다. 그럴 때 자신을 위해서라도 절대 포기하지 말라는 것이다.

나는 유소년 시절에 가난의 고통을 뼛속 깊이 느끼던 한 소년을 안다. 그는 이를 악물고 돈을 벌려고 온몸을 던졌다. 당연히 일에 미쳤다는 소리를 듣기 일쑤였다.

돈을 더 많이 버는 것이 전부였던 그에게, 자신이 사업을 통해 사회를 보다 올바르게 변화시킬 수 있다는 것을 깨닫게 되는 계기가 왔다. 그후 동료들과 그 목적에 헌신하게 되면서 자신이 사장으로서 너무 모른다는 사실을 직시하게 되었다. 그래서 수많은 위기와 고난을 맞고도 포기하지 않고, 묻고 배우고 집요하게 적용하는 과정을 거듭했다.

결과적으로 그의 회사는 폭발적으로 성장했다. 사장이 성장한 만큼 회사가 성장한 것이다. 그의 사업으로 말미암아 고객들은 새로운 가치를 제공받았을 뿐만 아니라 직원을 비롯한 수백 명의 관계자들이 일자리를 얻게 되었다.

최근 그와의 만남에서 놀라운 이야기를 들었다. 일을 하지 않아도 평생 먹고살 걱정이 없는 경제력을 갖추게 되면 행복할 것이라 생각했는데 그렇지 않다는 것이다. 꿈이 있는 일을 해야 하고, 일을 통해 자긍심을 느낄 수 있어야 하며, 누군가에게 의미 있는 역할을 하고, 가치 있는 하루하루를 보내는 것이 정말 행복하다는 사실을 절실히 깨닫게 된다고 했다. 그래서 그는 새로운 사업을 구상 중이다. 돈보다 가치 중심 사업, 돈보다 사람을 남길 수 있는 사업을 준비하고 있다.

나는 이 젊은 사장이 우리 사회를 새롭게 할 맑은 물이 되기를 바란다. 이 땅의 모든 사장이 이 젊은 사장처럼 성공하기를 바란다. 아니 이보다 더 성공하기를 바란다. 그래서 국내 고객뿐만 아니라 세계 고객들에게 새로운 가치를 제공하는 글로벌 강소기업이 되기를 원한다. 그 과정에는 분명 사장이 먼저 더 배워야 하는 홀로서기와 어떤 시련에도 포기하지 않는 용기가 필요할 것이다. 그래야만 돈을 더 많이 버는 것도, 건강한 일자리를 더 많이 제공하는 사회적 역할도 가능해진다.

학력이 좋은 상위 인재들이 안정적이고 노후가 보장되는 공무원이나 개인의 번영만을 위한 일정 전문 직종에 몰리고 있어 우리나라의 미래가 우울하고 어둡다고들 한다.

고인 물은 썩지만 흐르는 물은 절대 썩지 않는다. 사장인 당신이 우리의 미래를 위해 흘러드는 맑은 물이 되어 달라.

큰 기업 이직자들과
새로운 성장기회의 장을 만들라

'에어비앤비', '집카'

이 두 회사를 이야기하면 무슨 단어가 제일 먼저 떠오르는가? 그렇다. 공유경제다. 공유경제(sharing economy)란 우리 삶에서 남과 나눠 쓰는 행위를 기반으로 한 경제구조를 말한다. 국내에도 유사한 서비스가 있다. 에어비앤비처럼 집을 공유하는 비엔비히어로, 코자자 등이 있고, 차를 공유하는 그린카, 쏘카도 있다. 소유하지 않아도 다른 사람과 같이 쓸 수 있는 물품은 집과 차 외에도 다양해져 간다.

새로운 발상

나는 여기서 전혀 다른 발상 하나를 해본다. 대기업, 중견기업 등에서 근무하다 여러 가지 이유로 전직하거나 조기 퇴직하는 인재들과 중소기업이 협업하면 어떨까 하는 것이다. 조기 전직한 인재들의 입장에서는 자신의 능력과 경험을 존중받으면서 새로운 도전의 장을 만나는 것이고, 중소기업 사장에게는 작은 기업 현장에서는 배우기 어려운 환경적 혜택을 경험한 자원들을 확보할 수 있다.

나름대로 체계적인 교육과 현장 경험을 쌓은 이 경력자들은 기본적으로 일과 사람을 다스리는 법을 알고 있으며, 보다 규모가 있고 체계화된 업무구조에서 일을 해보았기에 업무나 프로세스의 체계를 잡는 데도 숙달되어 있다. 그래서 특히 성장통을 앓고 있는 중소기업에는 꼭 필요한 능력을 보유한 자원들이다.

창업한 사장은 자신이 개발해서 제공하는 상품 또는 서비스가 시장에 먹히기를 간절히 바란다. 더 이상 자금을 투자하지 않아도 영업으로 벌어들인 돈이 회사를 운영하는 자금이 되기 충분한 상태를 만드는 것이 두 번째 바람이다. 그다음 단계는 타깃 시장의 규모와 성장성에 따라 새로운 성장엔진을 갖추고 이를 통해 투자를 받아 경영하는 단계에 오르는 것이다. 업종은 다 다르겠지만 기본적으로 사장이라면 모두 이 과정을 거친다. 이 과정에서 반드시 만나게 되는 문제가 바로 '사람'이다.

제일 먼저 필요한 자리는 '팀장' 자리다. 사장의 의도를 정확히 파악하고 당면한 실무과제를 주도적으로 해결할 뿐만 아니라 신입을 비롯한 팀원들에게 조직에서 일하는 법을 가르쳐주고 성과에 몰입할 수 있도록 코칭할 수 있는 팀장이 있어야 한다. 그런데 그런 팀장은 어느 날 뚝딱 탄생하는 것이 아니기에 어디선가 길러져야 한다.

중소기업에서는 그런 자질을 가진 좋은 인재를 채용할 수도 없고, 체계적으로 성장시킬 여유도 없다. 직원 교육과 경력 개발에 투자할 수 있는 여력이 있는 대기업이나 중견기업에서나 가능한 일이다. 문제는 그런 팀장들이 높은 연봉과 좋은 복지를 버려두고 중소기업에 올 리가 없다는 것이다. 당연한 이야기다.

그러나 그런 인재를 키워낼 수 있는 역량을 갖춘 큰 기업 안에서도 문제는 있다. 그런 과정을 거친 팀장급들이 모두 임원이 될 수는 없기 때문이다. 어떤 대기업에서는 부장 100명 중 1명이 임원이 된다고 한다. 그리고 임원의 임기 또한 그리 길지 않다. 이렇다 보니 팀장 출신 중 많은 이들은 선배들의 그런 모습을 보고 다니는 회사에 그대로 있을지 아니면 더 나은 미래를 위해 새로운 도전에 뛰어들지를 생각보다 빨리 결정하게 된다.

이렇게 자진해서 조기 퇴직하거나 전직하는 그룹의 사람들은 창업을 하거나 더 좋은 조건의 직장을 찾으려 할 것이다. 하지만 현실은 생각만큼 만만하지 않다. 회사를 박차고 나오면 가지고 있는 경력으로 무엇이든지 할 수 있을 것 같지만 현실은 냉혹한 경우가 허다하다. 창업을 하려면 자금력뿐만 아니라 기업가적인 자질과 근성이 필요한데 대부분 관리 기술에만 능숙한 경우가 많다. 더 나은 기업으로의 전직 또한 쉽지 않지만 들어갔다고 해도 처음 가졌던 문제를 또다시 만나게 되어 있다.

대기업에 몸담고 있던 인재들이 기업을 떠나는 이유 중 또 하나는 명함에 찍힌 회사명의 프라이드와 복지혜택보다, 거대한 기계의 부속품처럼 여겨지면서 과도한 경쟁 구조 속에서 자기 존재감을 잃어버리는 상실감이 더 크기 때문이다. 즉 그들은 대체 가능한 존재에서 대체 불가능한 핵심인재로 재포지셔닝하기를 원한다. 그렇기에 그런 그들을 충분히 인정해주고, 미래 성장 파트너로서 존중하면서 가지고 있는 역량을 최대한 발휘할 수 있도록 길을 만들어 준다면 역량 있는 사람이 고픈 중소기업 사장도 큰 과제를 해결할 수 있다. 서로에게 좋은 기회를 제공하게 되는 것이다. 이것이 중소기업 현장에서 사장들의 고민을 함께 해결하면서 가지게 된 생각이다.

두 가지 준비

이런 만남의 기회를 잘 활용하고자 하는 사장이 준비해야 할 것은 무엇일까? 높은 연봉을 줄 수 있는 자금력일까? 물론 그것도 필요하겠지만 돈보다 중요한 것 두 가지가 있다.

하나는 사장 자신의 그릇을 키우는 것이고, 다른 하나는 후보들을 선별하는 기준을 가지는 것이다.

사장의 그릇을 키운다는 것은 구체적으로 그 인재들이 사장과 일하고 싶어해야 한다는 의미다. 사장이 그들의 장점을 충분히 인정해주고 이전 큰 기업에서 그릴 수 없었던 미래의 그림을 함께 그릴 수 있음을 느낄 수 있게 해주어야 한다. 중소기업 사장에게 도움이 될 만한 자질을 갖춘 사람들이 대기업이나 중견기업에서 나오는 이유가 바로 그것이기 때문이다. 그러므로 그런 인재와 함께 일하려면 먼저 그런 사람들을 통해 성과를 낼 수 있는 사장이어야 한다. 사람을 기능이 아닌 투자로 볼 줄 아는 경영철학과 경영능력이 필요한 것이다. 이 책에서 지금까지 줄곧 이야기해온 것들이 바로 사장의 그릇을 키우는 것이다.

후보들을 선별하는 기준은 다음의 네 가지 정도로 생각해볼 수 있다.

첫째, '직장인 마인드'가 아닌 '경영자 마인드'를 소유한 사람이어야 한다. 이런 사람은 책을 많이 읽었다고, 교육을 많이 받았다고 되는 것이 아니다. 고객 중심이 아니면 생존할 수 없음을 업무 현장에서 경험해보았거나 신규 사업을 비롯한 사업을 책임져본 경력을 가진 사람이어야 한다. 질문 몇 가지만 던져보면 그가 경영자 마인드를 가지고 있는지 알 수 있을 것이다.

둘째는 팀원을 팀장으로 길러 내 본 경험을 가진 사람이어야 한다. 누구에게서 일의 기본기를 어떻게 배웠는지부터 사람을 성장시켜 성과를 내본 사례를 구체적으로 이야기해보라고 질문해보라. 그 사례의 깊이와 넓이를 보면 그 사람의 관리 능력을 알 수 있다.

셋째는 바닥 업무의 디테일을 지금도 다룰 수 있는 지식과 기술을 가진 사람이어야 한다. 큰 기업에서는 중간관리자로 시간을 오래 보낸 사람들이 많다. 현장감은 잃어버리고 보고의 중간 단계를 업무로 가지고 있는 사람들이다. 시스템이 갖추어져 있어야만 성과를 낼 수 있는 사람들 또한 많다. 중소기업 현장과는 맞지 않는 사람들이다.

마지막으로 겸손하고 배우려는 자세를 가진 사람이어야 한다. 사장은 물론 중소기업 직원들을 무시하지 않으면서 사장의 창업가 정신과 근성을 배우려는 사람이어야 한다. 그 어떤 것보다 바로 이 점이 중요하다.

이런 준비가 되어 있다면 계약의 형태가 채용이든 경영자문이든 당사자와 사장의 상황에 맞추어서 유동성 있게 가져가면 된다. 중요한 것은 서로 윈윈하는 관계가 될 수 있는 기본여건을 다지는 데 있다.

지난 6년간 필자도 그런 관계 속에서 좋은 결과를 경험한 사례 중 하나다. 나는 앞으로 이런 사례가 더 많이 나올 것이라고 예상한다.

우리 사회에 쏟아져 나올 소중한 인적자원을 당신이 마음껏 활용하여 회사의 성장은 물론 미래의 사회적 핵심자원 활용의 새로운 대안이 되어 주길 바란다.

어떤 회사가 좋은
회사인가?

'쌀딩크' 박항서 감독은 2017년 베
트남 국가대표 감독으로 부임한 이래 10년 만에 베트남을 스즈키컵 아
세안 축구대회에서 우승으로 이끌었다. 덕분에 2002년 당시 한국에서
히딩크 감독이 누리던 명성보다 더 큰 인기를 베트남에서 누리고 있다.
수백 명의 외교관이 온 힘을 다하여도 못할 만한 일을 한 셈이라고 격찬
이 넘치고 있다. 국내 축구선수가 유럽에서 뛰는 경기를 스포츠 뉴스 시
간에 여러 번 보았지만 국내 축구 감독이 외국팀 감독을 맡아 치르는 경
기를 TV 중계로 보는 것은 생전 처음이었다. 이처럼 베트남에서뿐만 아
니라 한국에서도 박항서 감독의 인기는 높다.

박 감독은 감독 데뷔를 준비하던 시절, 2001년에 만난 거스 히딩크
감독으로부터 평생에 새길 주옥같은 가르침을 받았다고 한다. 과거 월

간 축구 전문지인 〈베스트 일레븐〉과 가진 박 감독의 인터뷰에서 가져온 내용을 소개하면 다음과 같다.

감독 데뷔를 준비하던 시절, 히딩크 감독이 제게 해준 충고가 있습니다. '성인팀을 맡을 경우 절대로 임의대로 바꾸려고 생각하지 마라. 주어진 상황을 최대한 활용할 수 있는 방안부터 찾아야 한다'는 것이었죠.

'주어진 상황을 활용하라'는 히딩크 감독의 메시지는 박 감독의 지도자 커리어에 평생 남을 자산이 되었다고 한다.

리더의 한 마디가 평생 자산이 된다

이렇듯 사람은 훌륭한 사람의 영향력을 받고 자란다. 박항서 감독처럼 자신의 직업 현장에서 만난 리더로부터 전해 들은 영향력 있는 한마디가 그 사람의 평생 자산이 되는 것이다. 나 또한 그렇다. '벌기 위해서가 아니라 바르게 쓰기 위해서 일한다', '돌아가더라도 바른길을 가는 것이 지름길이다'라는 첫 직장의 경영이념은 나의 평생 직업관이 되었다.

초등학교 6년, 중학교 3년, 고등학교 3년, 대학교 4년의 학업과정을 마치고 첫 직장에서만 20년을 보냈다. 초등학교부터 대학 생활을 다 합친 것보다 첫 직장에서 보낸 시간이 4년 더 길다. 인생의 가장 왕성한 시기를 보낸 곳이 바로 일터다.

그곳에서 누구를 만나고, 누구에게 영향력을 받는지는 그 사람의 인생뿐만 아니라 그 사람의 가족 구성원과 지인들에게까지 영향을 미친다.

나에게 "어떤 회사가 좋은 회사입니까?"라는 질문이 날아오면 나는 서슴지 않고 이렇게 답한다.

"직원들이 자기 자녀도 보내고 싶다고 생각하는 회사입니다."

부모는 자신이 도둑이라 할지라도 자식에게는 좋은 것을 주려고 한다. 자식에게 물려 주고 싶은 것이 진짜로 좋은 것이다. 자신이 평생 살아보고 검증한 것이기 때문이다. 그렇다면 부모가 자녀에게 강력히 추천하고 싶은 회사는 어떤 회사일까?

일은 적게 하면서 월급은 많고 복지가 좋은 회사, 해고당할 염려 없이 평생 안정이 보장되는 회사, 거기다 집도 가까워 다니기도 힘들지 않은 회사. 이런 것일까?

아니면 일의 진정한 가치와 즐거움을 배우는 회사, 현실 직시를 통해 자신의 있는 모습 그대로를 인정하며 어떠한 역경에도 굴하지 않는 근성을 익힐 수 있는 회사, 자신의 강점과 흥미를 발전시켜 자신의 가정을 경제적으로 돌볼 뿐만 아니라 사회에 가치를 창출하는 공헌자로 사는 역량을 기를 수 있는 회사일까?

물론 두 가지 모두가 실현되는 회사라면 금상첨화일 것이다. 하지만 현실적으로는 만나기 힘든 조건이다. 그렇다면 이중에 우선순위를 두자면 어느 쪽일까?

전자는 편하면서도 풍족한 삶을 누리고 싶은 우리의 본심에 잘 맞기에 어느 부모도 원할 수 있다. 그러나 전자에 속하려면 대체 불가한 최고의 기술력이나 지식을 소유하지 않고서야 불가능하다. 그런 회사를 추구하는 것은 자유이지만, 일반적으로 현실에서 만나기는 어렵다. 후자는 경영자 마인드를 가진 사람만이 선택할 수 있는, 마찬가지로 쉽지 않은 길이다.

내가 좋은 회사의 선별 기준으로 제시한 '직원들이 자기 자녀를 보내고 싶은 회사'는 후자다. 전자는 그 결과로 따라오는 것이다. 이것이 당신의 회사였으면 좋겠다. 그리고 박항서 감독에게 히딩크 감독이 있었듯이 직원들에게 당신이 그런 영향력을 주는 사장으로 있었으면 좋겠다.

사장이란 어떤 사람인가

사장은 월급을 주는 사람이 아니다. 사장은 '월급은 만족한 고객이 준다'라는 사실을 현실 직시하도록 고객 관점을 가르쳐주는 사람이다.

사장은 직원의 노후를 보장해주는 사람이 아니다. 사장은 직원이 사회에 공헌하며 자신의 가정경제를 평생 책임지는 주체자로 설 수 있도록 돕는 사람이다.

사장은 돈만 벌려고 직원을 부리는 사람이 아니다. 사장은 타고난 사업통찰력을 잘 활용하여 직원과 이 사회가 바라는 것을 현실로 보게 하는 사람이다.

그 사장은 바로 당신이다. 그렇기에 당신은 미래의 소중한 대안이다. 나는 그런 당신을 계속 응원할 것이다.

'좋은 직원'의 조건은?

좋은 직원과 그렇지 않은 직원의 구분은 어떤 상황에서 극명하게 드러날까? 나는 그에게 회사의 돈과 사람을 맡길 수 있는지 생각해보는 것이 좋은 구별법이라고 생각한다. 돈과 사람을 맡길 수 있으려면 다음의 세 가지 자질이 필요하다.

동일한 가치지향

회사와 동일한 가치를 지향하는 사람을 찾아라. 삶이 그렇듯 일도 여러 선택의 기로에 서게 한다. 추구하는 가치를 지켜내기 위해 스스로 손해를 선택하는 사람이 조직에 꼭 필요하다.

성숙한 성품

대부분의 일은 사람들 간에 이루어진다. 더욱이 사람들은 모두 다르다. 자신과의 다름이 틀림이 아니라는 기본 이해력, 나보다 남을 더 낫게 여기는 이타적 사고와 배우려는 자세를 갖춘 사람이 필요하다.

성장 지향

기업은 늘 변화의 선두에 서 있다. 변화를 두려워하기보다 변화를 성장의 기회로 여기는 도전적인 자세가 늘 필요하다. 건강한 불만족을 해결하기 위해 창조적 긴장감을 즐길 줄 아는 주도적인 사람, 열정 있는 사람이 필요하다.

현업에서 관리자와 경영자로 그리고 채용과 승진 면접관으로 보낸 오랜 경험 속

에서 이 세 가지를 골라보았다. 참고로 레이 달리오가 지은 《원칙》이란 책에 이런

글귀가 있다.

'인생을 함께하고 싶은 사람을 고용하라'

능력 이상으로 중요한 '좋은 직원'의 조건을 너무도 잘 표현한 것이라고 생각한다.

부록

부록 1
사장의 자기 점검

자가진단표를 작성하라

책을 읽고 2배의 효과를 누리는 방법은 배운 바를 미루지 않고 바로 자신에게 적용하는 것이다. 다음 5가지를 진행해보라. 머리로 생각하지 말고 펜을 들어 직접 적어보라.

사장은 경영하는 사람이다. 먼저 다음 10가지 진단 질문을 읽고 각 질문에 5점 척도 기준으로 점수를 매겨보라.

나온 점수들을 합한 후 2를 곱해보면 100점 만점에 자신이 몇 점인지를 알게 된다. 총점이 60점 이하면 낙제다. 점수를 합산해보면 당장 보완해야 할 영역이 어느 부분인지 알게 될 것이다. 이제 사장인 당신이 어떤 공부를 해야 하는지 파악하게 된 것이다. 이렇게 자기를 경영자 관점에서 진단해봄으로써 일 잘하는 사장의 성장은 시작된다.

진단 질문	매우 그렇지 않다	그렇지 않다	중간	그렇다	매우 그렇다
01 나는 사장의 역할과 그 역할을 잘 수행하기 위한 과업을 명확히 알고 있다.	1	2	3	4	5
02 나는 회사의 명확한 사명과 비전, 그리고 핵 심가치와 핵심역량을 가지고 있다.	1	2	3	4	5
03 나는 사명을 실현하기 위한 향후 3개년 목표 와 이를 달성하기 위한 올해 목표와 전략을 가지고 있다.	1	2	3	4	5
04 나는 회사의 핵심지표들이 기록된 경영계기 판을 사장실에 걸어두고 관리하고 있다.	1	2	3	4	5
05 나는 직원들이 회사 목표와 전략을 충분히 공감하고 자기 일에 적용할 수 있도록 잘 전 달하고 있다.	1	2	3	4	5
06 나는 직무별로 적합한 사람을 배치하고 제대 로 일할 수 있게 책임과 권한을 주고 또한 필 요한 것을 지원하고 있다.	1	2	3	4	5
07 나는 직원들이 일과 책임, 공헌에 대한 올바 른 태도를 갖도록 올바른 인사 결정 원칙을 가지고 있다.	1	2	3	4	5
08 나는 내가 중요하다고 생각하는 것을 직원들 도 그렇게 생각하도록 만드는 의사소통 방법 을 구현하고 있다.	1	2	3	4	5
09 나는 직원들의 성과 달성 및 개선을 위한 성 과 측정방법과 평가 프로세스를 별도로 운영 하고 있다.	1	2	3	4	5
10 나는 직원 육성을 위한 행동계획을 가지고 실행하고 있다.	1	2	3	4	5
합 계					

총점: _____

회사의 현주소를 점검하고 미래 모습을 그려보라

일은 사람이 한다. 그리고 그 사람은 동기에 의해 움직인다. 그래서 사장의 역할 중에는 공동의 목적을 세우고 이를 직원에게 이해시키는 일이 포함되어 있다. 또한 직원이 스스로 나서서 참여하도록 하려면 먼저 직원을 이해해야 한다. 그리고 그에게 책임과 권한을 주고 주도적으로 일할 수 있도록 환경을 마련해 주어야 한다. 그럼 이를 위해 무엇부터 하면 될까?

자, 다음 일곱 가지 질문에 대답해보자. 사장 자신에게 해야 할 질문도 있고, 직원에게 물어봐서 써야 할 질문도 있다.

질문 1. 당신이 일하는 이유는 무엇인가? 그리고 사업을 하는 이유는?

답. _____

질문 2. 당신이 궁극적으로 이루고 싶은 회사의 모습은 어떤 것인가?

답. _____

질문 3. 당신이 이루고 싶은 회사의 모습이 직원 입장에서는 어떤 의미와 실리가 있다고 생각하는가?

답. _____

질문 4. 직원들이 당신의 회사에서 일하는 이유는 무엇인가?

답. _____

질문 5. 직원들은 당신의 어떤 모습을 보고 회사를 신뢰하며 주도적으로 일에 몰입할 수 있는가?

답. _____

질문 6. 회사가 인생의 학교로써 직원들에게 제공하는 잊을 수 없는 추억에는 어떤 것들이 있는가?

답. _____

질문 7. 직원들에게 회사가 권장하는 유익한 핵심습관에는 무엇이 있는가?

답. _____

일단 머릿속에 떠오르는 모든 것을 종이에 적어보라. 만일 모르는 것이 있다면 직원들에게 묻는 과정에서 새로운 깨달음을 얻게 될 것이다. 이 과정을 통해서 직원들과 함께 공유하게 된 바람직한 회사의 모습을 A4 용지에 적어보라. 함께 추구해야 할 멋진 당신 회사의 미래 모습을 만나게 될 것이다.

사장으로서 피드백 시간을 가져라

지난 1년을 돌아보면서 다음 두 가지 영역, 즉 회사의 성장과 사장의 성장에 대해서 AAR(After Action Review)형식을 빌려 솔직하게 피드백을 해보자.

1. 회사의 성장 영역

질문 1. 얻고자 한 것은 무엇인가?

답. _____

질문 2. 얻은 것은 무엇인가?

답. _____

질문 3. 얻고자 한 것과 실제로 얻은 것의 차이와 그 원인은 무엇인가?

답. _____

질문 4. 해야 할 것은 무엇인가?

답. _____

질문 5. 하지 말아야 할 것은 무엇인가?

답. _____

2. 사장의 성장 영역

질문 1. 얻고자 한 것은 무엇인가?

답. _____

질문 2. 얻은 것은 무엇인가?

답. _____

질문 3. 차이와 그 원인은 무엇인가?

답. _____

질문 4. 해야 할 것은 무엇인가?

답. _____

질문 5. 하지 말아야 할 것은 무엇인가?

답. _____

사장의 크기만큼 회사가 큰다. 성장하는 사장에게는 성장하는 회사가 따르기 마련이다. 이 선순환을 평가 피드백 시간에서 시작하라.

사장의 시간을 기록하라

목표 달성 능력을 올리는 방법은 시간을 관리하는 것이다. 지난주 당신의 시간 사용 흔적을 기록해보라. 만족스러운가? 불만족스러운 부분이 있다면 무엇인지 답해보라.

당신은 사장의 역할과 과업을 새롭게 배워왔다. 배운 것을 실행에 옮기지 않으면 아무 소용이 없다. 그리고 실행에 옮기려면 당신의 주간 스케줄에 해당 과업들을 할 수 있는 시간을 확보해야 한다. 다음 세 가지 질문에 답해보라.

질문 1. 주간 스케줄에 반드시 들어가야 하는 핵심활동에는 무엇이 있는가?

답. _____

질문 2. 그 핵심활동은 언제, 얼마의 시간을 필요로 하는가?

답. _____

질문 3. 지난주 당신의 활동 중에 제거해야 하는 것은 무엇인가?

답. _____

가급적이면 표준 주간 스케줄을 확정해보라. 당신은 시간을 경영함으로써 놀라운 성과를 올릴 수 있을 것이다.

한눈에 볼 수 있는 경영계기판을 만들어라

운영하는 회사를 비행 중인 비행기라고 생각해보자. 조종사인 당신은 비행 상황을 수시로 확인할 수 있는 계기판이 절대적으로 필요하다. 회사에도 이와 유사한 기능을 할 경영계기판이 필요하다. 만일 없다면 다음 다섯 가지 활동을 통해 경영계기판에 들어갈 핵심관리지표를 도출해 보자. 부서장 또는 팀장들이 어느 정도 역량이 되면 처음부터 함께 시작해도 되지만, 그렇지 않은 경우라면 사장이 먼저 해보는 것도 좋다. 필요하다면 도움을 줄 수 있는 전문가와 함께하라. 경영계기판에 들어갈 핵심관리지표를 도출하기 위한 행동은 다음과 같다.

1. 당신의 회사는 어떤 핵심고객에게 어떤 상품을 제공하여 어떤 문제를 해결해주는 사업인지 적어보라.

_____

_____

2. 1번의 목표를 이루기 위해서 반드시 해야 하는 핵심활동을 모두 적어보라.

_____

_____

3. 그 핵심활동이 각각 원하는 목표를 달성했는지 확인할 수 있는 지표들은 무엇인지 모두 적어보라.

_____

_____

4. 그 핵심활동을 전담하는 부서 또는 팀의 성과지표로 활용하기 위해서는 달성 여부를 측정할 수 있어야 한다. 지표들이 객관적이고 구체적으로 측정 가능한 지표들이 되도록 수정 보완하라.

_____

_____

5. 해당연도의 목표에 맞추어 각 핵심지표의 목푯값을 정하라. 이때 월별, 분기별, 연간별 측정과 평가가 가능하도록 정하라.

_____

_____

부록 2
성공하는 사장이 한 주에
꼭 해야 할 4가지

매주 한 시간, 전 직원 대상으로 '비타민 타임'을 가져라

'비타민 타임'은 사장이 직원들에게 함께 일하는 목적과 의미, 그리고 직원의 성장을 위해 꼭 필요한 내용을 가르치거나 전달하는 시간을 말한다. 비타민은 매우 적은 양이지만 물질대사나 생리 기능을 조절하는 필수적인 영양소다. 그래서 몸을 건강하게 관리하기 위해서는 비타민을 적절하게 복용해야 한다. 회사도 마찬가지다. 회사를 건강하게 관리하기 위해서는 직원들에게 비타민을 제공하는 시간이 필요하다.

'비타민 타임'을 시작하는 방법

1. 매주 첫 시간을 활용하라.

2. 강의 내용으로는 회사의 스토리(회사의 사명과 비전, 핵심가치 등), 사장의 스토리(창업 에피소드, 창업 정신 등) 그리고 외부환경 변화에 따라 준비해야 할 이슈들, 사내 성공사례 그리고 인생을 먼저 살아가고 있는 선배로서의 삶에 대한 통찰과 교훈들을 다루라.

3. 업무 지시나 잔소리는 절대 금지다.

4. 깨달음과 동기부여를 할 수 있는 참신하고 진정성 있는 내용으로 사장 스스로 학습하고 준비하라.

5. 가능하면 매주 1시간씩 진행하라.

6. 필요에 따라 리더 중 누군가가 강의하게 하는 이벤트도 좋다.

이 방법을 바로 적용한 어느 중소기업에서는 매주 월요일 첫 한 시간을 '비타민 타임'이라는 이름으로 사장이 직접 강의했다. 시작하는 첫 주의 제목은 '대표의 창업 스토리텔링'이었는데 다음과 같다.

먹고살기 위해 사업을 시작했다. 그러던 어느 날, 먹고살기 위해서 늘 새벽 녘까지 일하는 자신과 동료들의 모습이 서글퍼서 울었다. 그러다가 '아이들에게 건강한 미래를 제공하는 가치 있는 일'을 한다는 생각이 생겨나면서 더 나은 미래를 꿈꾸게 되었다. '이렇게 되었으면 좋겠네'라는 목표들을 머릿속에 그리고 실행하기를 반복하면서 '신념' 그리고 '집념'이 생겨났다.

이와 같이 직원들이 지금 다니고 있는 자기 회사가 어떻게 탄생하게 되었는지, 어떤 도전들과 좌절들이 있었는지 그리고 그것들을 어떻게 돌파했으며 그 과정에서 어떤 성장과 배움이 있었는지를 사장에게서 직접 듣는 가운데 회사의 핵심가치와 핵심행동들이 자연스럽게 전달되는 것이다. 명절 연휴를 앞둔 주간의 비타민 타임에서는 직원들에게 '명절을 지혜롭게 보내는 법' 등을 정리해서 들려주기도 했다. 당신도 이렇게 시작하면 된다. 이것이 '가치경영'을 실천하는 시작이다.

매주 한 시간, 자기혁신을 위한 시간과 공간을 가져라

성공하는 사장에게는 남들이 모르는 자기혁신의 시간과 공간이 있다. 흥분된 어조로 이렇게 이야기하는 사장을 만나면 그와 그 회사의 미래가 기대된다.

"몰랐는데 새로 알게 된 것이 지난주에 하나 있어요. 들려 드릴까요?"

"제가 잘못 생각하고 있었던 걸 지난주에 깨달았어요. 놀라워요."

자기 성찰을 통해 기존의 고정관념, 패러다임에서 벗어나는 학습의 시간을 가져야 한다. 새로운 통찰을 얻는 '생각하는 시간' 말이다.

생각하는 힘을 기르는 시간을 가지는 방법

1. 가능하다면 매일, 어렵다면 1주일에 1시간이라도 별도로 마련해야 한다.

2. 자신만의 학습 아지트를 정해두라. 학습 방법에 따라 아지트가 여러 개가 될 수도 있다.

3. 학습 방법에 다양성을 더해라. 혼자 독서와 스크랩하기, 산행하기, 독서모임 활용하기, 매주 서점 방문하기, 타깃 고객이 있는 현장에 정기적으로 가서 고객을 인터뷰하거나 따라다니기, 현업 관련 포럼 회원가입 후 활동하기 등 무수히 많다.

4. 깨달은 것을 누군가에게 이야기하는 장을 마련하라. 앞서 말한 '비타민 타임'도 좋은 장이 될 것이다. 가르치려고 준비하는 과정에서 보다 체계적으로 학습하게 된다.

내 첫 직장 최고경영자는 젊은 시절 매일 새벽 4시 반에 출근했다. 당시 직원들의 출근 시간이 오전 7시였으니 일반 직원보다 무려 2시간 반이나 일찍 출근했던 것이다. 임원들이나 사업부별 책임자들과 미팅을 시작하는 오전 8시까지, 출근해서 3시간 반을 매일 자기혁신을 위한 학습 시간과 자기를 성찰하는 시간으로 사용했다.

몇 번 사장실에 보고하러 들어간 적이 있는데 사장실의 모든 벽은 경영을 위해 스크랩한 자료들로 가득했다. 더욱이 그는 그 시간을 활용해서 직원들의 인사 프로필도 외웠다. 직원들을 더 잘 이해함으로써 강점 위주의 배치를 통해 성과를 내기 위함이었다. 그래서일까 자기혁신을 위해 새벽을 깨우지 않는 경영자나 관리자는 자격이 없다고 늘 말하면서 손수 모범을 보여주었다.

매일이 아닐지라도 당신의 주간 스케줄에 이런 자기혁신을 위한 별도의 시간을 반드시 확보하기 바란다. 매주 단 한 시간만이라도.

매주 한 시간, 미래 해결사 발굴과 성장을 위한 시간을 가져라

사장에게 가장 결핍된 자원은 돈과 시간, 그리고 사람이다. 이 중 가장 큰 시너지를 내는 자원은 사람이다. 그냥 사람이 아니라 미래 해결사다. 미래 해결사란 회사를 다음 단계로 성장시키기 위해서 반드시 필요한 사람이지만 현재 회사에 없는 사람을 말한다.

기업의 미래 해결사가 될 사람은 어느 날 뚝딱 구할 수 있는 것이 아니다. 정원을 잘 가꾸는 사람은 매일매일 관심 어린 눈으로 정원을 살피며 그때그때 필요한 작업을 한다. 기업의 미래 해결사를 성장시키는 일 또한 이와 같다.

미래 해결사를 구하고 성장시키는 방법

1. 미래 해결사가 필요한 영역이 어디인지 사전에 파악한다.

2. 미래 해결사가 갖추어야 할 역량에 어떤 것들이 있는지 파악한다.

3. 미래 해결사가 기업 내부에 있을 수 있다. 내부에서 발탁할 만한 싹을 보이는 직원을 선별하라. 팀장이 될 수도 있고 최근 입사한 경력자나 신입 사원이 될 수도 있다. 이를 위해 직원들의 강점과 관심, 자질 등을 파악하고 있어야 한다.

4. 미래 해결사가 기업 외부에 있을 수 있다. 고객군에 있을 수도 있고, 거래처에 있을 수도 있다. 포럼이나 세미나에서 인연을 맺게 된 사람일 수도 있다.

5. 내부에서 선별된 그룹이 있다면 그들을 위한 학습모임을 준비하라. 이 학습모임의 목적은 미래 해결사에 대한 검증과 그가 갖추어

야 할 역량을 기르는 데 있다.

6. 필요하다면 외부 전문가의 도움을 받는 것도 좋다.

7. 현업에서 가진 역량보다 높은 도전과제를 주어 목표달성 능력을
기르게 한다.

기업의 미래 해결사는 태도와 실력, 이 두 가지 면에서 탁월해야 한
다. 그러나 더욱 중요한 것은 사장과의 신뢰관계다. 신뢰의 깊이에 따라
그들을 꽃피우게 할 수도 있고, 쉽게 꺾어버릴 수도 있다. 신뢰를 쌓으려
면 시간이 투자되어야 한다. 미래 해결사를 키우는 데 투자한 사장의 시
간은 결국 가장 효과적인 투자가 된다. 이것이 실제 인재경영을 실천하
는 시작이기도 하다.

매주 한 시간, 핵심 프로젝트별 피드백 미팅 시간을 가져라

사장의 가장 잦은 실수는 자신이 직원에게 지시한 일이 적절히 이행되었는지 적시에 점검하지 못하는 것이다. 중요성이 떨어지는 건 그래도 괜찮다. 그러나 회사의 사활이 걸린 해결과제는 큰 문제로 커지는 경우가 많으므로 핵심 프로젝트의 경우, 진행 상황을 정기적으로 점검하는 시스템을 만들 필요가 있다.

피드백 미팅 진행하는 법

1. 프로젝트를 연간 단위가 아니라 한 달, 3개월 또는 6개월 단위로 쪼개라.

2. 프로젝트별로 피드백 미팅시간을 매주 1시간 정한다. 일주일 중 하루를 '프로젝트의 날'로 구별해 놓는 것도 좋은 방법이다.

3. 핵심 프로젝트 매니저에게 프로젝트의 주간 단위의 작은 목표를 세우게 하라.

4. 프로젝트 매니저가 주간 AAR(After Action Review) 형식을 활용해서 발표하게 한다.

5. 적절한 조언과 격려, 그리고 지원할 사항들을 이야기하고 마친다.

사전에 프로젝트 매니저들을 모아서 주간 단위의 작은 목표 선정이나 AAR의 활용 방식을 교육해서 충분히 이해하게 해야 한다. 올해의 전사적 목표가 무엇인가? 사장이 직접 직원들과 함께 정기적으로 피드백 미팅을 잘 진행함으로써 성공과 성장을 동시에 달성할 수 있기를 바란다.

부록 3
실전에서 사장이 꼭 알고 싶은 것
7가지 Q&A

Q. 실행력을 높이는 방법을 알고 싶어요

A. 세 가지를 소개하고 싶다.

첫 번째는 키맨(keyman), 즉 해당 문제의 솔루션을 알고 있거나 핵심 아이디어를 얻을 수 있는 사람을 찾는 것이다. 이들은 주로 외부에 있는 경우가 많다. 외부 인적자원을 잘 활용하는 능력이 필요한 이유다.

두 번째는 첫 행동을 잘 선택하고 바로 실행하는 것이다. 당장 할 수 있는 것을 하기보다는 해당 문제를 해결하는 데 영향력이 가장 큰 행동을 제일 먼저 해야 한다.

세 번째는 적합한 사람을 세워서 그를 통해 일하는 것이다. 제일 힘든 일이지만 효과가 제일 큰 방법이다.

Q. 계획성을 높이는 방법을 알고 싶어요

A. 두 가지를 소개하고 싶다.

첫 번째는 '역기획'이다. 얻고자 하는 바람직한 모습, 즉 기대하는 결과로부터 출발하는 것이다. 연역적 방법이라고도 한다. 대부분 귀납적 방법으로 일을 계획하는 습관을 가지고 있다. 오래도록 그렇게 공부를 해왔기 때문이다. 그러나 일을 계획할 때는 프로젝트 기획처럼 '역기획'을 해야 한다.

두 번째는 'MECE(Mutually Exclusive and Collectively Exhaustive: 어떤 사항을 중복되지 않고, 누락되지도 않게 하여 부분으로 전체를 파악하는 것)'와 '로직 트리(logic tree)'를 활용하는 사고 훈련을 추천한다. 맥킨지 컨설턴트들이 신입 시절 훈련하는 전략적 사고의 기본 기술 중 하나로써 문제를 해결하는 과정에서 문제의 원인을 파악하거나 해결책을 생각할 때 사고의 넓이와 깊이를 논리적으로 파악하기 위한 기술이다. 사이토 요시노리 저자가 지은 《맥킨지식 사고와 기술》이란 도서를 참고하면 좋다.

Q. 커뮤니케이션이 잘 안 됩니다. 어떻게 해야 할까요?

A. 이는 당신뿐만 아니라 인류 최대의 난제다. 그러므로 화를 내기보다 당연히 발생할 수 있는 문제라고 받아들이는 것에서부터 시작해야 한다. 사장은 자신이 지시한 일을 직원이 제대로 수행하지 못했을 때 의사소통에 어려움을 느낀다. 사장과 직원들 사이에서 발견한 유용한 커뮤니케이션 팁 세 가지를 소개하고 싶다.

첫 번째는 업무를 지시할 때 그 업무의 '의도'를 명확히 밝혀주는 것이다. 어떤 업무를 지시할 때 이 지시를 통해 얻고자 하는 것이 무엇이며, 왜 그것을 얻고자 하는지 배경 설명을 곁들여주는 것이다.

두 번째는 커뮤니케이션 후 그가 이해한 것을 자신의 말로 사장에게 다시 설명하게 하는 것이다. "오늘 지시받은 내용을 나한테 정리해서 이야기해보세요"라고 물어보는 식이다.

세 번째는 직원이 언제든지 사장에게 궁금한 것을 질문할 수 있는 신뢰관계의 구축이다. 이해되지 않는 것을 자유롭게 질문할 수 있는 관계를 만들어주는 것은 사장의 몫이다.

Q. 주거래 세무사나 회계사를 정하는 노하우를 알고 싶어요

A. 보통 세무사나 회계사 또는 변호사를 찾을 때는 크게 세 가지 경우다. 첫 번째는 어떤 일을 계획할 때 필요한 기본 정보를 알고 싶어서다. 두 번째는 벌어진 다급한 일을 수습하기 위해서 해결사를 찾는 경우다. 세 번째는 회사의 성장과 함께 자문역까지 해줄 의사결정 파트너를 찾는 경우다. 첫 번째는 대부분 인터넷 검색이나 무료 상담센터를 이용하면 된다. 요즘 일정액의 연회비를 내고 가입하는 일부 스타트업 포럼의 회원이 되면 관련 전문가들의 무료 상담을 받을 수 있다.

문제는 두 번째와 세 번째의 경우다. 해결사를 찾는 경우는 회사 입장에서 무언가 불리하거나 피하고 싶은 일이 발생한 경우다. 그래서 원칙만 반복적으로 강조하는 전문가보다는 편법이라도 당장 곤란한 일을 피할 수 있는 대안을 다양하게 제시하는 전문가에게 마음이 더 쏠린다. 발등에 떨어진 불을 어떻게 해서라도 끄는 것이 최선이라고 생각하기 때문이다. 그러나 회사가 그런 식으로 위기를 모면하다 보면 모래 위에 집을 짓는 꼴이 되어 나중에는 더 큰 문제를 맞는다. 편법으로 계속 피하는 수를 거듭 사용하다 보면 외통수에 걸리게 된다. 그때 조언해준 그 전문가는 그에 대해 아무런 책임을 져주지 않는다. 모든 책임은 결국 사장이

지게 되어 있다. 그럼 어떻게 하면 좋을까?

해결사를 구할 때도 장기적으로 회사의 건강한 성장을 지원해줄 자문역을 할 수 있는 사람을 구해야 한다. 동종업계 지인 사장들의 추천이나 어느 정도 규모를 갖춘 법인 출신 전문가를 소개받아서 당면한 문제에 대한 대안을 제시해보게 하라. 대안 제시의 수준을 평가해 보면 의사결정 파트너로 함께 할 만한 진실성과 전문성이 있는지 파악할 수 있다.

한 영역의 전문가를 먼저 선정하면 그를 통해 다른 영역의 전문가를 소개받으면 된다. 전문가들은 같은 수준의 전문가 네트워크를 가지고 있기 때문이다. A급은 A급끼리 연결되어 있다. 그러나 꼭 A급이 아니어도 괜찮다. 사장인 당신과 결이 맞는 것이 가장 중요하다.

Q. 직원들을 대상으로 업무 결산하는 방법을 알고 싶어요.

A. 일정한 기간의 업무 활동과 결과를 평가해보는 결산은 매우 중요하다. 구체적인 방법은 결산을 통해 얻고자 하는 목표가 무엇인지에 따라 달라진다. 결산의 목적은 평가에 의한 상벌보다는 평가 피드백에 의한 직원의 목표달성 능력 향상과 궁극적인 목표 달성에 있다. 그러므로 결산은 다음 네 가지 조건을 갖추는 것을 추천한다.

첫째, 한 달 간격으로 진행한다. 둘째, 사전에 개인 또는 팀의 역할과 과업 그리고 월별 성과목표가 합의되어 정해져 있어야 한다. 셋째, 평가 피드백의 방식은 앞서 소개한 AAR(After Action Review)을 활용해서 목표 달성 또는 미달성의 핵심원인을 도출하고, 계속해야 할 일과 하지 말아야 할 일을 명백히 도출해 실행하게 한다. 넷째, 개인 또는 팀의 우수사례를 분기별로 선별해서 포상하고, 해당 사례를 전 직원 앞에서 발표하게 함으로써 해당자는 명예와 칭찬을 얻게 하되, 다른 직원들은 좋은 사례를 공유하는 장을 만든다.

Q. 사내 독서모임 또는 독서교육을 진행하는 노하우가 있을까요?

A. 독서모임을 진행하는 몇 개의 팁을 주자면 다음과 같다.

첫째, 회사의 필독서를 먼저 선정한다. 사장을 포함해서 팀장급 이상으로부터 함께 읽을 도서들을 추천받는다. 이때 추천 의도도 함께 받아야 한다. 그리고 협의해서 그해 필독할 12권을 선정한다.

둘째, 필독서를 읽는 방법을 사전에 교육한다. 필독서를 읽는 방법은 다음과 같다.

먼저 저자와 추천자의 의도를 파악한다. 참고로 저자의 의도는 서론과 후기에 담겨 있다. 그리고 목차를 살피며 내용 구조를 파악하고 이를 토대로 내용을 읽어나가야 한다. 마지막으로 책을 읽으면서 다르게 생각한 점, 핵심개념 또는 핵심 아이디어, 자신의 현재 업무를 개선할 아이디어, 성공 이유와 요인, 전환점 등을 기록하게 하라.

셋째, 전사적으로 독서모임을 진행하기 전 사장이 팀장들과 먼저 3개월 정도 진행해보라. 팀장이 독서모임의 목적과 이점을 충분히 이해할 수 있게 한 후, 팀별로 독서모임을 진행하게 하거나 팀원들을 섞어서 소그룹을 만든 후 진행한다. 그 소그룹에는 팀장급 한 명이 반드시 들어가 모임을 이끌게 한다.

넷째, 독서 모임의 주기는 회사 사정에 따라 매주 1회 또는 격주 1회혹은 월 1회 등으로 정한다. 매주 1회로 정할 때는 책 한 권의 분량을 적당하게 나누어 부담이 없게 하라.

다섯째, 정해진 분량을 반드시 사전에 읽어오게 하고, 모임 시간에는 깨달은 점과 적용할 점을 돌아가면서 이야기하게 한다.

여섯째, 독서모임은 정해진 시간과 장소에서 한 시간 이내로 한다.

일곱째, 여유가 되면 약간의 간식이 있으면 더욱 좋다.

Q. 업무를 위임할 때 꼭 고려해야 할 것이 있나요?

A. 업무 위임이 잘 이루어지면 사장은 더 중요하고 기여도 높은 일을 하게 되고, 위임받은 직원은 성장의 기회를 얻게 되어 조직의 생산성이 올라가게 된다. 그러나 반대로 업무 위임이 잘못 이루어지면 원하지 않는 어려움을 겪게 된다. 업무 위임이 잘못 이루어지는 경우는 다음 세 가지이다.

첫째는 방임이다. 방임이 되면 원하지 않는 사고가 발생하거나 위임받은 직원이 직권을 남용해서 결국 인사상 어려움을 겪게 된다. 방임의 경우를 자세히 살펴보면 대개 사장이 잘 모르는 영역을 해당 직원에게 알아서 하라고 위임하는 경우다. 절대 모르는 것을 위임해서는 안 된다. 그러나 피치 못하게 어쩔 수 없이 위임해야 하는 경우라면 더블 체크가 가능한 구조를 만들어 두어야 하고, 핵심관리 포인트를 알아서 어느 정도는 상황을 모니터링할 수 있어야 한다.

둘째는 위임한다고 하고서는 업무를 부과하여 책임만 묻고 필요한 권한을 넘기지 않는 경우다.

셋째는 위임을 받을 직원이 그 업무를 감당할 역량이 충분한지 파악하지 않은 채 일단 맡겨놓고 막연히 기대만 큰 경우다. 그러다가 위임받은 직원의 실수가 잦아지면 그 직원을 믿지 못하게 되고 세세한 내용까지 사장 자신이 보고받고 지시하게 된다. 이것은 위임이 아니다.

이를 해결하기 위해서는 첫째로 위임할 업무에 필요한 역량을 가진 직원을 심사숙고해서 선발해야 한다. 선발 후 위임 시 해당 업무의 핵심 관리 포인트를 전수해주어야 하고, 위임 한 달 후에 반드시 제대로 소화하고 있는지 만나서 피드백 시간을 가져야 한다.

둘째는 위임하는 업무에 필요한 권한에는 어떤 것들이 있는지를 파악하고, 위임자에게 넘길 권한과 아직은 사장과 의논해서 결정해야 하는 영역에는 어떤 것이 있는지를 구별해서 명확히 소통해야 한다. 그래야 그가 주도적으로 일을 할 수 있고, 책임을 질 수 있다.

참고문헌

김경민 · 이영란, 《피드백》, 뷰티플휴먼, 2012.

레이 달리오, 《원칙》, 한빛비즈, 2018.

류랑도, 《하이퍼포머》, 쌤앤파커스, 2008.

문정엽, 《피터 드러커 경영수업》, 21세기북스, 2016.

사이토 요시노리, 《맥킨지식 사고와 기술》, 거름, 2003.

스티븐 C. 런딘 · 해리 폴 · 존 크리스텐슨, 《펄떡이는 물고기처럼》, 한언, 2017.

스티븐 코비, 《성공하는 사람들의 8번째 습관》, 김영사, 2005년.

알렉산더 오스터왈더 · 예스 피그누어, 《비즈니스 모델의 탄생》, 타임비즈, 2011.

에이드리언 J. 슬라이워츠키&데이비드 J. 모리슨, 《수익지대》, 세종연구원, 2005.

이시카와 다쿠지, 《기적의 사과》, 김영사, 2009.

존 고든, 《에너지 버스》, 쌤앤파커스, 2007.

존 요코하마 · 조셉 미첼리, 《How? 물고기 날다》, 한국경제신문사, 2009.

전경일, 《CEO 산에서 경영을 배우다》, 김영사, 2008.

피터 드러커, 《프로페셔널의 조건》, 청림출판, 2012.

대한민국 사장을

응원한다

중소기업 사장들을 만나는 횟수가 늘어나면서 자연스럽게 두 가지 마음을 가지게 된다.

하나는 '존경심'이다. 타고난 것인지 아니면 산전수전을 겪으면서 눈물의 내공이 쌓여서인지는 모르겠으나 나이에 상관없이 '사람에 대한 통찰력'과 '사업에 대한 통찰력'이 놀랍다. 이 두 가지는 쉽게 가르칠 수 있는 것이 아니기에 더욱 그렇다.

또 하나는 '안타까움'이다. 경영이란 것이 기본적으로 복잡성을 가지고 있다 보니 사장에게 어느 한 영역의 기본 지식과 기술이 부족할 경우 회사 전체의 성장에 한계를 가져오거나 큰 위기를 가져온다. 배우는 게 그다지 어렵거나 배우기 힘든 개념도 아닌데 왜 그럴까? 그것은 사장이 되기 전에 어디서 배울 기회가 없었기 때문이고, 사장이 되고 나서는 1인 다역을 소화해 나가느라 더욱 시간이 부족하기 때문이다. 이렇게 시간을 보내다 보니 스스로 고정관념에 갇히게 되고, 시야는 계속 좁아지게 된다.

이 안타까움을 조금이나마 해소하도록 돕고자 하는 마음으로 시작한 책 쓰기가 이제 마무리 단계에 왔다. 시작과는 달리 챕터를 거듭할수록 부족함이 느껴졌다. 그러나 내 작은 조언에도 도움이 컸다고 진심으로 감사하는, 현장에서 뛰고 있는 사장들의 고백과 격려에 힘입어 끝까지 달려왔다. 한 가지만이라도 도움이 되어서 강소기업으로 성장해나가는 데 디딤돌이 된다면 그것으로 충분하다. 지면을 통해 다 전달하지 못한 내용들은 직접 대면할 기회를 통해 보충하고자 한다.

쉽지 않았던 집필 시간을 즐거운 배움의 장으로 만들어 준 조영석 소장님과 김옥경 부장님에게 깊은 감사를 전하고 싶다. 마지막으로 늘 곁에서 전심으로 응원해 준 사랑하는 아내와 두 딸, 그리고 항상 기도하시는 어머니에게 고마움을 전하고 싶다.

**4차 산업혁명
시대 경영자의
필독서**

빅데이터 경영 4.0

방병권 지음 | 15,000원

**구글, 아마존, 넷플릭스는 어떻게 늘 혁신적인
의사결정을 할까? 밀려오는 4차 산업혁명의 파도,
빅데이터로 경영의 중심을 잡아라!**

4차 산업혁명 시대에서 빅데이터를 활용하는 것은 크게 2가지로 나눌
수 있다. 기존의 사업에서 빅데이터를 얻을 수 있는 부분을 찾아 수집
하고 활용하여 사업화하는 것과 나에게 필요한 빅데이터를 수집하여 사
업에 활용하는 것. 저자는 책에서 후자를 새로운 경영의 핵심이라 말하
면서 "현장으로 직접 나가 측정하라"고 조언한다. 4차 산업 혁명은 시
작되었다. 우리는 이 대세 흐름에서 벗어날 수 없다. 이 책은 새로운 패
러다임 속에서 당황하고 있는 이들에게 해외의 성공 사례는 물론, 국내
사례 사례를 소개하여 실질적인 도움을 줄 것이다.

**몰라서 새는 돈
최대한 줄여
수익성 높은
가게 만들기!**

기적의 절세법 시리즈
〈부가가치세편 | 상속 · 증여세편〉

장중진, 정해인 지음 | 각 권 15,000원

안 내도 될 세금 아껴주는 기적의 절세법!

〈기적의 절세법〉 시리즈는 누구나 알아야 할 절세 가이드이다. 최고의
세금 전문가들이 간단한 세법 상식만으로 '안 내도 될 세금'을 더 내는
일이 없도록 도와준다. 내지 않아도 될 세금은 내지 않는 '절세'야말로
순수익 높은 비즈니스의 기본이다. 매출 1억 원을 올려도 비용과 세금
을 제하면 남는 것은 1천만 원에도 못 미치는 경우가 많은 반면, 세금은
아낀 금액 그대로가 남는 돈이기 때문이다.
〈기적의 절세법〉시리즈 1권, '부가가치세 편'에서는 부가가치세 절세를
통해 매출 1억 원을 이기는 비즈니스를 하는 법을 알려주고, 2권 '상속
세 편'에서는 상속재산 확인부터 세금 신고, 계산, 절세, 세무조사 대처
까지 집 한 채만 있어도 꼭 알아야 하는 상속 증여세의 모든 것을 알려
준다.

불황에도 기하급수 성장을 이루는 기업의 비밀

초격차 영업법

이정식 지음 | 14,300원

장기불황 · 저성장 · 서든데스 시대, 경쟁자가 감히 따라 잡을 수 없는 초격차 기업들만의 현장 전략!

'초격차 영업 4P모델'은 저성장은 물론 역성장시대에도 매출을 올릴 수 있는 영업 전략 모델이다. 이는 영업 프레임워크를 위한 '전략 영업'과 이런 전략을 실행에 옮기는 '실행 영업', 그리고 효율과 생산성을 만들어 낼 수 있는 '프로세스 영업', 마지막으로 단기적 성과는 물론 장기적 성과를 낼 수 있는 '성과 영업'을 말한다. 그리고 이 책에서는 이를 쉽게 이해하고 자신의 영업 상황에 적용 가능하도록 설명한 것을 담고 있다.

마켓4.0 시대 스타트업을 위한 브랜딩 교과서

창업은 브랜딩이다

김영수, 조진희, 정의홍 지음 | 15,000원

100여 개 브랜드의 론칭과 리뉴얼, 경영 등 브랜딩 전략 프로젝트를 수행한 컨설팅 그룹의 창업자를 위한 브랜딩 전략'

고객이 우리 회사를 찾지 않는 이유를 알 수 없었다면, 신사업을 구상하는데 어디서부터 시작할지 막연하다면, 왜 내 창업은 늘 수명이 짧은지 답답하다면, 이 책을 읽자. 100여 개 브랜드를 성공적으로 론칭, 리포지셔닝한 브랜드 모델링 전문가가 내 비즈니스 이해를 바탕으로 시장과 경쟁자 분석, 고객 분석, 장기 전략 수립까지 '창업을 위한 브랜딩'의 모든 것을 알려준다.

브랜딩의 관점에서 비즈니스를 재정의하고, 세부 경영 전략을 세우는 이 책은 저자의 풍부한 사례, 국내외 성공 사례 분석을 바탕으로 내 비즈니스에 맞는 브랜드, 찰나가 아니라 100년 가는, 스토리를 가진 영속하는 브랜드를 만드는 매뉴얼을 제공한다.